KB201937

그 땅 얼마면 살 수 있나요

– 한눈에 짚어보는 전국 땅값 시세표

한국경제신문

Copyright © 2004, 안명숙

이 책은 한국경제신문 한경BP가 발행한 것으로
본사의 허락없이 이 책의 일부 또는
전체를 복사하거나 전재하는 행위를 금합니다.

● 이 책의 활용법 ●

땅에는 정해진 가격이 없다. 물론 정부의 공익사업 시행시 매수하거나 세금을 매기는 기준시가가 되는 공시지가가 있지만 1년에 한 번 조사, 발표하는 가격이라 시세와도 꽤 차이가 크다. 땅값이 오르는 곳에서는 몇 배나 차이가 나므로 시장에서는 땅값을 가늠할 때 공시지가가 얼마라는 것은 별 의미를 갖지 못한다.

그러나 시장에서 거래되는 가격이란 엄연히 존재하는 법. 파는 사람이 받고 싶어하는 가격과 사는 사람이 주고 싶은 가격 간에는 차이가 있을 수 있다. 거래가 형성되기 위해서는 이 두 사람 간 의견이 조율과정을 거쳐 합의점에 도달해야 한다.

토지관련 상담을 받다 보면 10개 중 5개 정도는 항상 자신이 계약한, 또는 관심 있는 땅의 가격이 적당한지를 묻는 내용이 포함돼 있다. 현장답사를 통해 시세를 파악한 경우에도 객관적 기준에서 그 땅의 가격이 어느 정도인지를 파악하고 싶어하고, 현장을 꼼꼼하게 살펴보지 않은 채 계약했거나 기획부동산 물건을 산 경우에는 더더욱 가격에 민감한 상담이 많다.

단순하게 어느 지역의 답(畓)은 얼마이고 임야는 얼마다라는 식으로 단정 짓기는 불가능하다. 같은 지역이라도 그 땅이 도로에 접해 있는지, 땅의 형태는 어떤지, 경사도는 어느 정도인지, 개발이 제한되거나 보존구역 내에 자리하고 있지는 않은

지, 무슨 용도로 활용이 가능한지 등에 따라 가격이 천차만별이기 때문이다.

그러나 비교적 단순하게나마 주요 지목에 따라 지역별로 시장 가격을 가늠해 볼 수 있는 기준표를 제시해 주고 싶었다. 전국 최대 부동산 매물 사이트인 스피드뱅크(www.speedbank.co.kr)에 전국 1만 5,000여 개 중개업소에서 확보하고 있는 토지매물을 읍 · 면 · 동 단위로 나눠 각각 지역의 전 · 답 · 임야 · 대지 등 지목별 평균 평당가를 산출했다.

이는 중개업소에 매도자가 팔기 원하거나, 경우에 따라서는 중개업소에서 어느 정도의 거래이익까지 감안한, 속칭 '인정작업' 비용이 포함된 가격이다. 따라서 실제 흥정을 통해 거래되는 가격보다는 다소 높을 수 있다. 또한 앞에서 설명한 것처럼 토지를 지목에 따라서 각각 구분했을 뿐, 개별 현황이 자세히 고려되지 않았다는 것을 분명히 밝혀둔다.

그래도 이 가격은 나름대로 의미를 갖는다. 실제 전국을 기준으로 시장에서 요구되고 거래되는 가격의 윤곽을 지역별로 자세히 제시한 것이 장점이라는 뜻이다. 토지를 사거나 팔려는 수요자들은 나름대로 이 가격을 기초로 자신의 투자금액이나 수익을 점쳐볼 수 있기 때문이다.

어떻게 활용할 것인가

첫째, 관심지역의 지목별 평균 평당가는 시장에서 조정되기 이전의 가격이므로 매수자는 제시된 지목별 평당가보다 비싸다면 그 이유를 찾아야 한다. 예를 들어 충남 부여읍의 '전(田)'을 사려고 중개업소에 문의해 보니 매물가격이 평당 60만 원이었다면, 그 지역의 지목이 '전'인 매물의 평당가는 43만 원보다 다소 비싸게 나온 것을 알 수 있다.

그렇다면 해당 매물의 현황이 전용허가를 얻어 바로 건물을 신축할 수 있는 물건이라든지, 바다가 보이는 입지라든지, 도시계획지역에 포함돼 용도가 상업용지로 변경된다든지 등과 같은, 다른 매물보다 가치를 상승시킬 수 있는 이유가 분명한 물건인지 확인해 봐야 한다. 합리적인 이유가 없다면 다른 중개업소나 현지 주민들과의 인터뷰를 통해 가격이 적정한지를 파악한 후 가격 협상을 시작해 보는 것이 좋다.

둘째, 관심지역의 지목별 평균 평당가는 대체로 대지가 가장 비싸고 전 · 답 · 임야의 순으로 나타난다. 그러나 지역에 따라 나와 있는 전이나 답 매물은 현황이 좋지 않은 데 비해, 임야가 오히려 발전 가능성이 있는 곳에서는 임야의 평균 평당가가 다소 비싸게 제시되는 경우도 있다. 예를 들어 전용이 수월한 도로변 임야일 수도 있다. 이처럼 비싼 데는 반드시 그 이유가 있다는 사실을 염두에 두고 현장을 꼼꼼히 챙겨본 후 계약에 나서는 것이 현명하다.

셋째, 지역별 지목에 따른 매물의 평균 평당가이므로 평당가를 기준으로 ±30% 가량의 가격 차이가 있다. 물건에 따라 평당가보다 더 싼 것도, 더 비싼 것도 있다는 얘기다. 다만, 그 오차가 커서 평당가보다 너무 싸거나 과도하게 비싼 경우라면 그 이유를 따져보는 것이 좋다.

넷째, 본 가격은 2004년 7월 말 기준 스피드뱅크(www.speedbank.co.kr)에 매물로 등록된 가격의 지역별 · 지목별 평균 평당가를 산출한 것이므로 거래가 많고 땅값이 가파르게 오르는 지역은 여기에 소개된 시세와 다소 차이가 있을 수 있다. 그러나 가격은 거래될 때 의미가 있는 것이므로 호가만 높게 요구하는 경우라면 지루하게라도 가격 줄다리기를 해보는 것이 현명하다.

다섯째, 거래가 많지 않은 지방이나 임야 물건은 중개업소에서도 가격을 잘 모르는 경우가 있다. 거래된 사례가 있어야 물건 값을 평가 · 조정해 줄 수 있는데, 사례가 없을 경우에는 기준이 없기 때문이다. 이럴 때는 사는 사람이나 파는 사람, 또 가격을 조정해 주는 중개업자 간 인근 지역의 매물 가격을 참고로 적정 수준을 결정하는 지혜를 모으는 데 이 자료가 도움이 되기를 바란다.

2004년 9월

스피드뱅크 부동산연구소

소장 **안 명 숙**

차례
contents

한눈에 짚어보는 **전국 땅값** 시세표

그 땅 얼마면 살 수 있나요

서울특별시

강남구

지역	지목	평당가*
개포1동	임야	15
개포동	답	621
개포동	임야	31
개포동	전	838
세곡동	답	246
세곡동	대	516
세곡동	임야	152
세곡동	전	229
수서동	답	202
수서동	임야	253
수서동	전	265
신사동	임야	186
압구정동	임야	5
율현동	답	230
율현동	대	753
율현동	임야	182
율현동	전	221
일원동	임야	85
자곡동	답	214
자곡동	임야	125
자곡동	전	192
포이동	임야	250

강동구

지역	지목	평당가*
고덕1동	임야	50
고덕2동	임야	40
고덕2동	전	140
고덕동	답	144
고덕동	대	305
고덕동	임야	121
고덕동	전	176
길2동	대	733
길동	임야	72
길동	전	186
둔촌1동	임야	275
둔촌2동	전	120
둔촌동	답	210
둔촌동	임야	189
둔촌동	전	234
명일동	임야	66
상일동	답	105
상일동	대	776
상일동	임야	11
상일동	전	252
암사3동	답	152
암사3동	대	573
암사3동	전	181
암사4동	대	889
암사동	답	177
암사동	대	854
암사동	임야	75
암사동	전	293
하일동	답	116
하일동	대	423
하일동	임야	70
하일동	전	128

강북구

지역	지목	평당가*
미아1동	대	411
미아2동	대	440
미아5동	대	642
미아6동	대	830
미아9동	대	560
미아동	임야	80
번1동	대	978
번동	임야	109
수유1동	대	583
수유2동	대	725
수유4동	대	333
수유6동	대	896
수유동	임야	167
우이동	대	372
우이동	임야	148

강서구

지역	지목	평당가*
가양1동	전	140
가양동	답	115
가양동	대	803
가양동	전	82
개화동	답	62
개화동	대	800
재화동	임야	34
개화동	전	188
공항동	임야	200
과해동	답	33
과해동	전	72
내발산동	답	106
내발산동	임야	271
내발산동	전	107
등촌1동	대	759
등촌동	임야	780
마곡동	답	157
마곡동	대	693
마곡동	임야	656
마곡동	전	294
방화1동	답	275
방화1동	대	909
방화1동	전	306
방화2동	대	629
방화2동	전	285
방화3동	대	750
방화동	답	358
방화동	대	799

* 단위 : 만 원(전체 동일하게 적용)

지역	지목	평당가
방화동	임야	108
방화동	전	378
염창동	임야	150
오곡동	답	37
오곡동	전	60
오쇠동	답	59
오쇠동	임야	52
오쇠동	전	69
외발산동	답	283
외발산동	대	56
외발산동	임야	75
외발산동	전	356
화곡1동	대	847
화곡2동	대	445
화곡4동	대	527
화곡6동	대	621
화곡7동	대	899
화곡동	임야	83
화곡동	전	500

관악구

지역	지목	평당가
남현동	임야	100
봉천10동	대	743
봉천3동	대	776
봉천5동	대	433
봉천9동	대	562
봉천동	임야	36
신림11동	대	829
신림3동	대	710
신림4동	대	942
신림6동	대	600
신림6동	전	380
신림9동	대	957
신림9동	임야	61
신림동	임야	71
신림본동	대	711

광진구

지역	지목	평당가
광장동	임야	110
구의2동	대	892
구의2동	임야	200
능동	임야	5
자양동	대	573
중곡동	임야	5

구로구

지역	지목	평당가
가리봉1동	대	427
개봉2동	대	872
개봉동	답	170
개봉동	대	768
개봉동	임야	46
개봉본동	대	844
고척1동	대	542
고척동	대	813
고척동	전	850
구로1동	대	525
구로2동	대	654
구로4동	대	667
구로본동	대	342
궁동	대	349
궁동	임야	297
궁동	전	168
오류1동	대	573
오류동	답	696
오류동	임야	40
오류동	전	508
온수동	대	537
온수동	전	210
항동	답	71
항동	대	304
항동	임야	147
항동	전	123

금천구

지역	지목	평당가
독산1동	대	826
독산2동	대	598
시흥2동	대	569
시흥4동	대	600
시흥동	임야	25

노원구

지역	지목	평당가
공릉1동	대	882
공릉2동	대	477
공릉3동	대	730
공릉동	전	400
상계1동	대	784
상계1동	임야	33
상계3동	전	484
상계5동	전	237
상계동	임야	84
상계동	전	770
월계2동	대	489
월계2동	전	455
월계4동	대	419
월계동	대	611
월계동	임야	82
중계동	임야	100
중계본동	대	630
중계본동	임야	270
하계1동	대	834
하계동	대	625
하계동	임야	272
하계동	전	236

도봉구

지역	지목	평당가
도봉1동	대	747
도봉1동	임야	60
도봉1동	전	327
도봉동	답	200
도봉동	임야	27
도봉동	전	252
방학1동	대	537
방학2동	전	447
방학동	임야	310
방학동	전	162
쌍문2동	대	867
쌍문동	임야	250

지역	지목	평당가
창2동	대	851
창3동	대	450
창동	답	240
창동	임야	175

동대문구

지역	지목	평당가
답십리1동	대	500
장안1동	대	976
장안동	임야	14
장안동	전	534
전농2동	대	842

동작구

지역	지목	평당가
노량진2동	대	503
노량진2동	임야	450
동작동	대	801
동작동	임야	128
사당동	임야	800
상도3동	대	650
상도4동	대	630
상도5동	대	978
신대방동	임야	512
흑석1동	대	700
흑석3동	대	579
흑석동	대	729

마포구

지역	지목	평당가
노고산동	답	40
동교동	답	40
망원동	답	40
상암동	답	40
서교동	답	40
성산동	답	40
성산동	전	300
신공덕동	답	40
신수동	임야	900
아현동	답	40
연남동	답	40
창전동	답	40
합정동	답	40
현석동	대	841

서대문구

지역	지목	평당가
남가좌1동	대	450
남가좌2동	대	553
대현동	답	40
북가좌1동	대	75
북가좌2동	대	677
북가좌동	대	787
북아현1동	대	700
연희1동	대	300
연희2동	대	800
연희3동	대	783
연희동	답	40
연희동	대	943
창천동	답	40
충정로	대	400
홍은1동	대	302
홍은2동	대	455
홍은동	답	40
홍은동	대	755
홍은동	임야	111
홍제3동	대	499
홍제동	임야	25

서초구

지역	지목	평당가
내곡동	답	141
내곡동	대	424
내곡동	임야	62
내곡동	전	207
방배1동	임야	220
방배2동	전	310
방배동	답	245
방배동	임야	528
방배동	전	545
서초동	답	208
서초동	임야	905
서초동	전	800
신원동	답	247
신원동	임야	10
신원동	전	282
양재1동	답	298
양재1동	전	297
양재동	임야	140
양재동	전	275
염곡동	답	200
염곡동	대	564
염곡동	임야	140
염곡동	전	127
우면동	답	109
우면동	대	895
우면동	임야	151
우면동	전	279
원지동	답	146
원지동	대	668
원지동	임야	50
원지동	전	137

성동구

지역	지목	평당가
금호동	대	794
마장동	대	956
사근동	전	600
상왕십리동	대	855
성수1가2동	대	973
성수동	전	163
옥수동	대	887
행당1동	대	725

성북구

지역	지목	평당가
길음3동	대	620
돈암1동	대	702
돈암2동	대	942
동선동3가	대	775
동선동5가	대	682
보문동7가	대	520
상월곡동	대	550
석관1동	대	699

지역	지목	평당가
석관2동	대	300
석관동	대	867
석관동	전	571
성북1동	대	615
성북2동	대	726
성북동	대	630
장위2동	대	813
장위3동	대	352
장위동	대	875
정릉2동	대	591
정릉3동	대	350
정릉4동	대	719
정릉동	대	420
정릉동	임야	263
종암1동	대	600
종암2동	대	988
하월곡1동	대	550
하월곡2동	대	762
하월곡동	대	979

송파구

지역	지목	평당가
가락동	임야	15
거여1동	대	900
거여동	임야	200
거여동	전	844
마천1동	대	467
마천동	답	185
마천동	대	969
마천동	임야	72
마천동	전	117
문정1동	답	243
문정2동	답	200
문정동	답	241
문정동	전	251
방이1동	임야	999
방이동	답	220
방이동	임야	180
방이동	전	195
오금동	답	425
오금동	전	232
오륜동	전	164
잠실동	답	36
잠실동	임야	11
잠실동	전	250
장지동	답	161
장지동	대	797
장지동	임야	167
장지동	전	257
풍납2동	대	783

양천구

지역	지목	평당가
목3동	대	788
신월1동	대	957
신월1동	임야	70
신월3동	대	903
신월3동	임야	55
신월4동	대	883
신월5동	대	949
신월7동	답	190
신월7동	대	625
신월7동	임야	63
신월7동	전	105
신월동	대	937
신월동	임야	177
신월동	전	216
신정3동	답	140
신정3동	전	129
신정5동	대	901
신정7동	대	500
신정동	답	130
신정동	임야	54
신정동	전	104

영등포구

지역	지목	평당가
당산동	답	670
당산동1가	대	867
당산동5가	대	864
대림3동	대	848
도림동	대	769
신길2동	대	591
양평동4가	대	884
양평동5가	대	838
영등포동2가	대	826

용산구

지역	지목	평당가
신창동	대	900
용산동2가	대	594
원효로3가	대	776
이태원2동	대	752
이태원동	대	950
청파동1가	대	803
한남동	대	885
한남동	임야	734
효창동	대	800
후암동	대	700

은평구

지역	지목	평당가
갈현1동	임야	130
갈현2동	대	955
갈현동	답	124
갈현동	대	892
갈현동	임야	53
구파발동	대	233
구파발동	전	200
불광3동	임야	450
불광동	임야	7
불광동	전	120
신사1동	대	920
신사2동	임야	50
신사동	대	964
역촌1동	대	688
역촌2동	대	520
응암2동	대	400
응암3동	대	698
응암동	임야	2
증산동	대	780
진관내동	답	120

지역	지목	평당가
진관내동	대	64
진관내동	전	200
진관외동	답	300
진관외동	대	472
진관외동	임야	150
진관외동	전	246

종로구

지역	지목	평당가
가회동	대	833
구기동	답	120
구기동	대	605
구기동	전	183
동숭동	답	40
명륜동	대	667
무악동	대	347
부암동	대	447
부암동	임야	169
부암동	전	191
신문로	대	950
신영동	대	550
청운동	대	730
평창동	대	662
평창동	임야	312
평창동	전	491
행촌동	대	600

중랑구

지역	지목	평당가
망우1동	답	429
망우1동	대	405
망우1동	임야	152
망우1동	전	200
망우동	답	542
망우동	임야	76
면목1동	대	686
면목2동	대	913
면목동	임야	60
묵1동	대	600
상봉1동	대	828
상봉동	임야	400
상봉동	전	162
신내1동	대	456
신내1동	임야	131
신내1동	전	181
신내동	답	372
신내동	대	625
신내동	임야	121
신내동	전	241
중화1동	대	677

부산광역시

지역	지목	평당가
강서구		
강동동	답	37
강동동	대	123
강동동	전	43
구랑동	답	36
구랑동	대	143
구랑동	임야	7
구랑동	전	56
녹산동	답	47
녹산동	대	85
눌차동	답	34
눌차동	대	120
눌차동	전	52
대저1동	답	79
대저1동	대	100
대저1동	전	102
대저2동	답	39
대저2동	대	340
대저2동	전	25
대저동	답	42
대저동	대	192
대저동	전	58
대항동	임야	20
대항동	전	108
동선동	임야	11
동선동	전	41
명지동	답	47
명지동	대	231
명지동	임야	54
명지동	전	57
미음동	답	37
미음동	대	80
미음동	임야	2
범방동	답	37
범방동	대	269
범방동	전	27
봉림동	답	29
봉림동	대	124
봉림동	전	63
생곡동	임야	13
성북동	대	448
성북동	임야	23
성북동	전	50
송정동	답	54
송정동	대	218
송정동	전	60
식만동	답	123
식만동	대	144
신호동	답	25
신호동	대	344
죽동동	답	23
죽동동	대	43
죽동동	전	32
죽림동	답	24
죽림동	대	139
죽림동	전	50
지사동	임야	14
천성동	답	48
천성동	대	81
천성동	임야	22
천성동	전	56
화전동	답	34
화전동	임야	10
금정구		
구서2동	대	326
구서동	대	635
구서동	임야	51
금사동	대	315
금성동	답	23
금성동	대	264
금성동	임야	14
금성동	전	32
남산동	답	53
남산동	대	450
남산동	임야	108
남산동	전	60
노포동	답	103
노포동	대	186
노포동	임야	7
노포동	전	66
두구동	답	88
두구동	대	205
두구동	전	106
부곡1동	대	585
부곡2동	대	300
부곡3동	대	450
부곡동	대	646
서4동	대	549
서동	임야	30
선동	답	85
선동	대	103
선동	임야	7
선동	전	43
오륜동	대	110
오륜동	임야	28
장전1동	대	482
장전3동	대	938
장전동	답	217
장전동	대	580
청룡동	답	227
청룡동	대	196
청룡동	임야	61
청룡동	전	130

지역	지목	평당가
회동동	답	21
회동동	대	328

남구

지역	지목	평당가
감만1동	대	175
감만1동	전	118
감만동	대	156
대연5동	대	890
대연5동	임야	15
대연동	답	300
대연동	대	979
대연동	임야	13
문현1동	대	992
문현동	대	600
문현동	임야	13
용당동	대	238
용당동	임야	9
용호3동	대	200
용호동	대	304
용호동	임야	93
우암동	대	285

동구

지역	지목	평당가
수정동	대	510
초량4동	대	320
초량동	대	857

동래구

지역	지목	평당가
낙민동	대	270
명륜2동	대	357
명륜동	대	511
명장동	대	375
명장동	임야	255
사직1동	대	490
사직동	대	767
수안동	대	821
안락2동	대	756
안락동	대	486
안락동	전	177
온천1동	대	478
온천2동	임야	91
온천3동	대	574
온천3동	임야	5
온천동	대	413
온천동	임야	10
온천동	전	647

부산진구

지역	지목	평당가
가야1동	대	300
가야2동	대	223
가야3동	대	260
가야동	대	402
개금3동	대	498
개금동	대	402
개금동	임야	25
당감동	답	350
당감동	대	471
범천4동	대	278
범천동	대	572
부암3동	대	200
부암동	대	742
부암동	임야	35
부전1동	대	333
양정2동	대	400
양정동	대	632
전포3동	대	750
전포동	대	617
전포동	임야	73
초읍동	답	260
초읍동	대	607

북구

지역	지목	평당가
구포1동	대	476
구포2동	대	317
구포2동	전	300
구포3동	대	230
구포동	대	422
구포동	임야	9
금곡동	답	170
금곡동	대	287
금곡동	임야	3
금곡동	전	50
덕천2동	대	762
덕천3동	대	295
덕천동	대	745
덕천동	임야	29
만덕1동	답	144
만덕1동	대	200
만덕1동	임야	50
만덕2동	대	286
만덕동	답	100
만덕동	대	258
만덕동	임야	26
만덕동	전	307
화명동	답	500
화명동	임야	19

사상구

지역	지목	평당가
감전동	대	452
괘법동	답	140
괘법동	대	780
괘법동	임야	271
덕포동	대	362
모라1동	대	550
모라2동	답	250
모라2동	대	575
모라2동	전	250
모라동	답	75
모라동	대	469
모라동	임야	30
엄궁동	대	589
엄궁동	임야	289
주례동	대	494
주례동	임야	500
학장동	대	380
학장동	임야	30

사하구

지역	지목	평당가
감천2동	대	190
감천동	대	254
감천동	임야	71
감천동	전	365
괴정2동	대	158
괴정3동	대	485
괴정4동	대	130
괴정동	대	814
괴정동	임야	13
구평동	대	207
구평동	임야	65
구평동	전	145
다대1동	대	491
다대2동	대	438
다대2동	전	262
다대동	대	493
다대동	임야	29
다대동	전	364
당리동	대	785
당리동	임야	15
신평1동	대	623
신평동	대	448
신평동	임야	96
신평동	전	60
장림1동	대	240
장림1동	임야	169
장림동	답	250
장림동	대	475
장림동	임야	96
장림동	전	40
하단1동	대	488
하단2동	대	583
하단동	대	629
하단동	임야	35
하단동	전	600

서구

지역	지목	평당가
남부민동	대	697
동대신동	대	799
동대신동3가	대	519
부민동1가	대	806
서대신동	답	113
서대신동	대	619
서대신동	임야	28
서대신동1가	대	20
서대신동2가	대	460
서대신동3가	대	414
서대신동3가	전	80
아미동	대	450
아미동2가	대	531
암남동	대	363
암남동	임야	8
암남동	전	130

수영구

지역	지목	평당가
광안2동	대	317
광안3동	대	270
광안4동	대	677
남천1동	대	330
망미1동	대	279
망미동	대	466
망미동	임야	4
민락동	대	848
민락동	임야	65
수영동	대	677

연제구

지역	지목	평당가
거제동	대	718
연산1동	대	800
연산2동	대	412
연산3동	대	400
연산3동	전	100
연산4동	대	350
연산5동	대	900
연산6동	대	913
연산7동	대	300
연산9동	답	501
연산9동	대	429
연산동	대	618
연산동	임야	75

영도구

지역	지목	평당가
동삼1동	대	190
동삼1동	임야	50
동삼2동	답	103
동삼2동	전	82
동삼동	답	88
동삼동	대	213
동삼동	임야	68
동삼동	전	86
봉래동	임야	20
신선동	대	180
청학동	대	257
청학동	전	100

중구

지역	지목	평당가
보수동2가	전	965

해운대구

지역	지목	평당가
반송동	대	155
반송동	임야	10
반여1동	대	386
반여3동	대	300
반여동	답	200
반여동	대	475
반여동	임야	53
반여동	전	149
석대동	답	183
석대동	임야	2
송정동	답	394
송정동	대	300
우1동	대	652
우2동	대	886
우동	대	821
우동	임야	46

지역	지목	평당가
재송1동	대	248
재송동	임야	6
좌동	대	780
중2동	대	514
중동	답	434
중동	대	680
중동	임야	230
중동	전	582

기장군

지역	지목	평당가
기장읍	답	128
기장읍	대	225
기장읍	임야	51
기장읍	전	106
일광면	답	54
일광면	대	209
일광면	임야	31
일광면	전	81
장안읍	답	37
장안읍	대	133

지역	지목	평당가
장안읍	임야	23
장안읍	전	54
정관면	답	104
정관면	대	89
정관면	임야	34
정관면	전	74
철마면	답	42
철마면	대	109
철마면	임야	6
철마면	전	43

대구광역시

남구

지역	지목	평당가
대명11동	대	225
대명1동	대	269
대명2동	전	699
대명3동	대	288
대명6동	대	295
대명동	대	483
대명동	임야	147
봉덕3동	대	205
봉덕동	대	488
이천동	대	329

달서구

지역	지목	평당가
감삼동	대	673
대곡동	답	61
대곡동	대	375
대곡동	임야	5
대곡동	전	53
대천동	답	219
대천동	대	386
대천동	전	260
도원동	답	194
도원동	대	344
도원동	임야	18
도원동	전	30
두류2동	대	360
두류동	대	394
본동	대	242
본동	임야	18
본리동	대	508
상인1동	대	355
상인2동	답	750
상인2동	대	450
상인3동	대	200
상인동	대	327
성당동	대	346
송현1동	대	302
송현2동	대	715
송현동	대	577
신당동	대	399
용산동	대	437
용산동	임야	80
월성1동	전	198
월성동	답	261
월성동	대	418
월성동	전	198
월암동	답	328
월암동	대	290
유천동	답	373
유천동	대	293
이곡동	대	588
장기동	대	326
죽전동	대	348
진천동	대	430
파산동	대	265
호림동	대	250

동구

지역	지목	평당가
각산동	답	114
각산동	전	91
괴전동	답	84
괴전동	전	57
금강동	답	31
금강동	전	70
내동	답	25
능성동	대	33
능성동	전	6
대림동	전	85
덕곡동	대	42
도동	임야	40
도학동	전	35
동내동	전	60
동호동	답	35
동호동	대	244
동호동	전	44
둔산동	답	45
미곡동	답	12
미곡동	대	49
미곡동	전	25
방촌동	대	358
백안동	답	8
백안동	대	69
백안동	임야	4
백안동	전	57
봉무동	임야	14
봉무동	전	95
부동	답	28
부동	전	32
불로동	답	39
불로동	대	146
불로동	전	133
사복동	전	12
서호동	답	50
송정동	대	58
송정동	전	21
신기동	대	406
신룡동	전	40
신무동	대	70
신무동	전	29
신서동	답	92
신서동	대	204
신서동	전	350
신암3동	대	65
신암5동	대	325

지역	지목	평당가
신암동	대	340
신천1동	대	400
신천동	대	556
신평동	답	29
신평동	대	136
신평동	전	35
용계동	대	188
용계동	전	189
용수동	답	14
용수동	대	115
용수동	임야	7
용수동	전	433
율하동	전	80
입석동	대	343
입석동	전	45
중대동	답	120
중대동	대	80
중대동	전	54
지묘동	대	239
지묘동	임야	1
지묘동	전	37
지저동	전	378
진인동	대	60
진인동	임야	1
진인동	전	27
평광동	전	60
효목1동	대	430
효목동	대	466

북구

지역	지목	평당가
검단동	대	455
검단동	임야	55
검단동	전	64
고성	대	650
고성3가	대	740
관음동	답	47
관음동	대	190
관음동	임야	62
관음동	전	83
구암동	대	188
구암동	임야	1
국우동	답	54
국우동	대	249
국우동	전	75
금호동	답	26
금호동	대	49
금호동	전	8
노곡동	대	85
노곡동	전	50
노원	대	788
노원1가	대	160
노원2가	대	300
노원3가	대	410
대현동	대	405
도남동	답	39
도남동	전	35
동변동	답	37
동변동	대	215
동변동	임야	8
동변동	전	78
동천동	대	515
동호동	답	83
동호동	전	47
매천동	답	250
매천동	대	217
매천동	전	57
복현동	대	452
복현동	전	196
사수동	대	137
산격2동	대	300
산격동	대	867
산격동	전	80
서변동	답	51
서변동	대	423
서변동	전	48
연경동	답	48
연경동	대	52
연경동	임야	1
연경동	전	42
읍내동	답	10
읍내동	대	303
읍내동	임야	70
읍내동	전	103
조야동	대	150
칠성	대	738
칠성2가	대	449
침산3동	대	625
침산동	대	481
태전동	대	339
태전동	전	170
팔달동	답	148
팔달동	대	133
팔달동	전	63
학정동	답	155
학정동	대	264

서구

지역	지목	평당가
내당1동	대	720
내당동	대	720
비산3동	대	800
비산4동	대	372
비산동	대	573
상리동	임야	60
상리동	전	167
원대3가	대	374
이현동	대	320
중리동	대	442
중리동	임야	21
평리5동	대	404
평리동	대	540

수성구

지역	지목	평당가
가천동	답	120
가천동	대	109
가천동	전	45
고모동	답	40
고모동	대	77

지역	지목	평당가
고모동	임야	4
고모동	전	57
노변동	답	52
노변동	대	276
노변동	전	78
대흥동	답	60
대흥동	대	181
대흥동	전	92
두산동	답	283
두산동	대	654
두산동	전	185
만촌1동	대	550
만촌3동	대	250
만촌동	대	425
만촌동	임야	26
매호동	답	43
매호동	대	219
매호동	전	71
범물동	답	15
범물동	대	149
범어2동	대	980
범어4동	대	712
범어동	대	596
사월동	답	564
사월동	대	537
사월동	전	132
삼덕동	답	62
삼덕동	대	167
삼덕동	임야	27
삼덕동	전	61
상동	대	421
성동	답	52
성동	대	130
성동	임야	10
성동	전	52
수성	대	600
시지동	답	136
시지동	대	388
시지동	임야	78
시지동	전	150
신매동	대	843
연호동	답	166
연호동	임야	16
연호동	전	171
욱수동	답	273
욱수동	대	296
욱수동	전	197
이천동	답	99
이천동	대	150
이천동	임야	16
이천동	전	100
중동	대	456
지산1동	대	514
지산2동	대	360
지산동	대	314
지산동	임야	90
지산동	전	100
파동	답	80
파동	대	187
파동	임야	85
파동	전	150
황금1동	대	900
황금1동	전	60
황금동	답	550
황금동	대	730

중구

지역	지목	평당가
달성동	대	222
대봉동	대	400
대신동	대	80
동인동	대	606
동인동1가	대	765
삼덕동	대	600
삼덕동2가	대	600
서문로2가	대	171
태평로	대	800
태평로2가	대	824

달성군

지역	지목	평당가
가창면	답	34
가창면	대	89
가창면	임야	9
가창면	전	36
구지면	답	18
구지면	대	21
구지면	임야	29
구지면	전	31
논공읍	답	100
논공읍	대	108
논공읍	임야	15
논공읍	전	152
다사읍	답	29
다사읍	대	226
다사읍	임야	47
다사읍	전	92
옥포면	답	29
옥포면	대	69
옥포면	임야	10
옥포면	전	38
유가면	답	29
유가면	대	30
유가면	임야	4
유가면	전	28
하빈면	답	19
하빈면	대	50
하빈면	임야	8
하빈면	전	32
현풍면	대	46
현풍면	임야	34
현풍면	전	18
화원읍	답	76
화원읍	대	227
화원읍	임야	70
화원읍	전	62

인천광역시

계양구

지역	지목	평당가
갈현동	답	73
갈현동	대	149
갈현동	임야	40
갈현동	전	95
계산1동	대	599
계산1동	임야	80
계산2동	대	460
계산3동	대	614
계산동	답	217
계산동	대	901
계산동	임야	442
계산동	전	206
귤현동	답	205
귤현동	대	407
귤현동	임야	105
귤현동	전	144
노오지동	답	24
다남동	답	97
다남동	대	247
다남동	임야	197
다남동	전	100
동양동	답	66
동양동	대	357
동양동	전	68
둑실동	답	32
둑실동	대	135
둑실동	임야	34
둑실동	전	340
목상동	답	82
목상동	대	216
목상동	임야	101
목상동	전	426
박촌동	답	187
박촌동	대	716
박촌동	임야	5
박촌동	전	445
방축동	답	140
방축동	대	100
방축동	임야	39
방축동	전	173
병방동	답	78
병방동	대	449
병방동	전	72
상야동	답	46
상야동	대	283
상야동	임야	15
상야동	전	82
서운동	답	151
서운동	대	365
서운동	임야	56
서운동	전	139
선주지동	답	40
선주지동	대	145
선주지동	임야	45
선주지동	전	57
오류동	답	48
오류동	대	159
오류동	임야	27
오류동	전	95
용종동	답	45
용종동	대	977
용종동	전	45
이화동	답	44
이화동	대	149
이화동	임야	29
이화동	전	76
임학동	답	32
임학동	대	720
임학동	임야	17
작전1동	대	711
작전2동	대	485
작전2동	전	300
작전동	답	865
장기동	답	150
장기동	대	614
장기동	전	387
평동	답	37
평동	대	211
평동	전	52
하야동	답	61
하야동	대	270
하야동	전	128
효성1동	대	49
효성2동	대	376
효성2동	임야	210
효성동	대	493
효성동	임야	495
효성동	전	147

남구

지역	지목	평당가
관교동	답	200
관교동	전	99
도화1동	대	523
도화2동	대	236
도화3동	대	356
도화동	대	626
문학동	대	451
문학동	전	109
숭의1동	대	538
숭의2동	대	336
숭의3동	대	342
숭의4동	대	818
용현1동	대	441

지역	지목	평당가
용현2동	대	303
용현4동	대	417
용현5동	대	656
용현5동	전	380
용현동	대	798
주안1동	대	714
주안2동	대	438
주안3동	대	420
주안5동	대	646
주안6동	대	624
주안7동	대	552
주안동	답	567
주안동	대	793
주안동	전	86
학익1동	대	502
학익동	답	336
학익동	대	622
학익동	임야	11
학익동	전	245

남동구

지역	지목	평당가
간석1동	대	723
간석2동	대	972
간석3동	대	644
간석4동	대	442
간석동	대	764
간석동	임야	365
고잔동	답	277
고잔동	대	287
고잔동	전	220
구월1동	답	86
구월1동	대	839
구월1동	임야	35
구월1동	전	97
구월2동	대	829
구월3동	대	547
구월4동	대	647
구월4동	전	97
구월동	답	79
구월동	대	870
구월동	임야	61
구월동	전	124
남촌동	답	69
남촌동	대	229
남촌동	임야	55
남촌동	전	69
논현동	답	188
논현동	대	245
논현동	임야	36
논현동	전	109
도림동	답	96
도림동	대	394
도림동	임야	123
도림동	전	96
만수1동	대	537
만수2동	대	317
만수3동	대	427
만수5동	대	636
만수6동	답	55
만수6동	대	350
만수6동	임야	35
만수6동	전	86
만수동	답	47
만수동	대	864
만수동	임야	65
만수동	전	71
서창동	답	36
서창동	대	390
서창동	임야	37
서창동	전	59
수산동	답	54
수산동	대	178
수산동	임야	84
수산동	전	105
운연동	답	40
운연동	대	342
운연동	임야	390
운연동	전	114
장수동	답	51
장수동	대	382
장수동	임야	23
장수동	전	72

동구

지역	지목	평당가
금곡동	대	375
만석동	대	600
송림3동	대	391
송림4동	대	471
송림6동	대	873
송림동	대	633
송현1동	대	300
창영동	대	503
화평동	대	488

부평구

지역	지목	평당가
갈산1동	대	506
갈산동	대	528
구산동	대	320
부개1동	대	453
부개2동	대	577
부개동	대	691
부평2동	대	449
부평3동	대	560
부평6동	대	808
산곡1동	대	600
산곡2동	대	479
산곡3동	대	305
산곡동	대	604
산곡동	임야	80
산곡동	전	118
삼산동	답	281
삼산동	전	106
십정1동	대	419
십정1동	전	166
십정2동	대	426
십정동	답	163
십정동	대	983

지역	지목	평당가
십정동	임야	110
일신동	답	250
일신동	대	581
일신동	전	349
청천2동	대	570
청천동	답	126
청천동	대	475
청천동	임야	107
청천동	전	119

서구

지역	지목	평당가
가정1동	답	54
가정1동	대	424
가정1동	임야	35
가정1동	전	57
가정2동	대	477
가정동	대	448
가정동	임야	117
가정동	전	52
가좌1동	대	167
가좌3동	대	435
가좌3동	임야	50
가좌4동	전	39
가좌동	대	250
가좌동	임야	57
가좌동	전	103
검단동	답	88
검단동	대	724
검단동	임야	66
검단동	전	53
검암동	답	91
검암동	대	383
검암동	임야	147
검암동	전	117
경서동	답	146
경서동	대	314
경서동	임야	196
경서동	전	111
공촌동	답	42
공촌동	대	296
공촌동	임야	27
공촌동	전	63
금곡동	답	80
금곡동	대	225
금곡동	임야	81
금곡동	전	132
당하동	답	84
당하동	대	747
당하동	임야	113
당하동	전	115
대곡동	답	81
대곡동	대	122
대곡동	임야	59
대곡동	전	64
마전동	답	220
마전동	대	320
마전동	임야	127
마전동	전	131
백석동	답	63
백석동	대	221
백석동	임야	129
백석동	전	227
불로동	답	61
불로동	대	338
불로동	임야	66
불로동	전	147
석남1동	대	581
서남2동	대	363
석남3동	대	243
석남3동	임야	30
석남동	대	702
석남동	임야	20
석남동	전	536
시천동	답	32
시천동	임야	29
시천동	전	47
신현동	답	65
신현동	대	443
신현동	임야	137
신현동	전	137
심곡동	답	612
심곡동	대	358
심곡동	임야	219
심곡동	전	149
연희동	답	59
연희동	대	351
연희동	임야	116
연희동	전	70
오류동	답	53
오류동	대	147
오류동	임야	83
오류동	전	111
왕길동	답	94
왕길동	대	449
왕길동	임야	109
왕길동	전	110
원당동	답	91
원당동	대	597
원당동	임야	181
원당동	전	155
원창동	답	35
원창동	대	124
원창동	임야	55
원창동	전	84

연수구

지역	지목	평당가
동춘1동	답	255
동춘1동	대	362
동춘1동	임야	108
동춘1동	전	178
동춘2동	임야	90
동춘동	답	239
동춘동	대	428
동춘동	임야	553
동춘동	전	225
선학동	답	79
선학동	대	298

지역	지목	평당가
선학동	임야	83
선학동	전	110
연수1동	대	345
연수1동	임야	20
연수동	대	808
연수동	전	50
옥련동	답	350
옥련동	대	380
옥련동	임야	91
옥련동	전	347
청학동	대	695
청학동	임야	57
청학동	전	133

중구

지역	지목	평당가
경동	대	484
관동2가	대	541
남북동	답	67
남북동	대	90
남북동	임야	65
남북동	전	64
덕교동	답	38
덕교동	대	243
덕교동	임야	91
덕교동	전	51
도원동	대	271
무의동	답	84
무의동	대	198
무의동	임야	148
무의동	전	83
북성동	대	690
북성동1가	대	383
북성동2가	대	263
선린동	대	480
선화동	대	338
송월동	대	443
송월동3가	대	300
송학동	대	288
송학동1가	대	260
신생동	대	420
신흥동1가	대	345
신흥동2가	대	453
신흥동3가	대	412
운남동	답	82
운남동	대	121
운남동	임야	43
운남동	전	78
운북동	답	43
운북동	대	184
운북동	임야	47
운북동	전	63
운서동	답	59
운서동	대	331
운서동	임야	29
운서동	전	52
율목동	대	620
을왕동	답	167
을왕동	대	193
을왕동	임야	93
을왕동	전	139
전동	대	249
중산동	답	44
중산동	대	161
중산동	임야	42
중산동	전	72
중앙동	대	398
중앙동1가	대	667
항동	대	431
항동1가	대	332
항동7가	대	309

강화군

지역	지목	평당가
강화읍	답	44
강화읍	대	95
강화읍	임야	32
교동면	답	10
교동면	대	39
교동면	임야	19
교동면	전	23
길상면	답	46
길상면	대	98
길상면	임야	52
길상면	전	60
내가면	답	30
내가면	대	69
내가면	임야	193
내가면	전	41
불은면	답	36
불은면	대	63
불은면	임야	37
불은면	전	41
삼산면	답	26
삼산면	대	65
삼산면	임야	27
삼산면	전	78
서도면	대	40
서도면	임야	3
서도면	전	21
선원면	답	43
선원면	대	79
선원면	임야	31
선원면	전	57
송해면	답	22
송해면	대	50
송해면	임야	24
송해면	전	34
양도면	답	34
양도면	대	64
양도면	임야	28
양도면	전	37
양사면	답	18
양사면	대	39
양사면	임야	20
양사면	전	32
하점면	답	236
하점면	대	50
하점면	임야	24

지역	지목	평당가
하점면	전	39
화도면	답	34
화도면	대	102
화도면	임야	39
화도면	전	77

옹진군

지역	지목	평당가
대청면	임야	1
덕적면	답	59
덕적면	대	78
덕적면	임야	12
덕적면	전	56
백령면	대	81
백령면	임야	4
백령면	전	6
북도면	답	33
북도면	대	50
북도면	임야	21
북도면	전	34
영흥면	답	178
영흥면	대	284
영흥면	임야	51
영흥면	전	75
자월면	대	63
자월면	임야	16
자월면	전	47

광주광역시

광산구

지역	지목	평당가
내산동	임야	13
등림동	임야	3
선암동	대	50
소촌동	대	143
소촌동	전	70
송정동	대	525
신가동	대	3
신창동	대	3
신창동	임야	34
쌍암동	대	415
양동	임야	10
연산동	답	18
옥동	전	100
임곡동	대	35

남구

지역	지목	평당가
백운동	대	534
봉선동	답	250
봉선동	대	268
양과동	답	91
진월동	대	75
화장동	대	42

동구

지역	지목	평당가
대인동	대	400
산수1동	대	139
소태동	대	250
지산2동	대	181
지산2동	임야	30
지산2동	전	40
지산동	대	190
지산동	임야	49
충장로4가	대	800
학동	대	348

북구

지역	지목	평당가
동림동	답	90
삼각동	대	196
양산동	대	270
연제동	답	20
용봉동	대	197
운정동	답	11
일곡동	대	150
청풍동	임야	1

서구

지역	지목	평당가
광천동	대	273
금호동	대	262
덕흥동	답	63
마륵동	답	177
매월동	답	70
매월동	대	367
매월동	전	35
서창동	답	80
서창동	대	80
세하동	전	40
용두동	답	17
용두동	대	30
치평동	대	180
풍암동	대	795

대전광역시

지역	지목	평당가
대덕구		
대화동	답	85
대화동	대	520
대화동	임야	15
덕암동	대	169
목상동	대	225
목상동	전	120
미호동	답	24
미호동	대	100
미호동	임야	3
미호동	전	18
법동	대	364
법동	임야	39
비래동	대	235
삼정동	임야	7
삼정동	전	14
상서동	대	200
상서동	전	120
석봉동	대	248
송촌동	대	378
신대동	대	122
신일동	임야	54
신일동	전	87
신탄진동	대	339
신탄진동	임야	45
연축동	임야	13
연축동	전	69
오정동	대	400
와동	답	38
와동	대	182
와동	임야	33
와동	전	77
읍내동	대	130
읍내동	임야	3
읍내동	전	116
이현동	대	8
이현동	임야	4
장동	답	10
장동	대	36
장동	임야	1
장동	전	15
중리동	대	467
중리동	임야	15
평촌동	대	195
동구		
가양1동	대	250
가양동	대	350
가양동	임야	15
가오동	대	218
가오동	전	150
구도동	임야	4
구도동	전	57
낭월동	답	20
낭월동	대	317
낭월동	임야	29
낭월동	전	175
대2동	대	168
대동	대	446
대별동	답	82
대별동	대	115
대별동	전	33
대성동	답	171
대성동	대	182
대성동	임야	1
대성동	전	82
마산동	임야	2
비룡동	답	47
비룡동	전	27
삼괴동	전	15
삼성동	대	611
삼정동	대	36
삼정동	전	33
상소동	대	45
상소동	임야	11
상소동	전	12
성남2동	대	189
성남동	대	273
세천동	답	13
세천동	대	114
세천동	임야	110
세천동	전	28
소제동	대	264
소호동	답	9
소호동	전	9
신상동	임야	2
신촌동	대	156
신하동	답	89
신하동	대	78
신하동	전	39
신흥동	대	370
용운동	대	465
용운동	임야	55
용운동	전	87
용전동	대	535
원동	대	457
이사동	대	81
이사동	임야	30
자양동	대	227
장척동	임야	2
장척동	전	5
정동	대	422
주촌동	전	19
직동	임야	3

지역	지목	평당가
직동	전	5
천동	대	250
천동	임야	20
천동	전	60
추동	대	61
판암동	대	230
판암동	임야	25
판암동	전	75
하소동	임야	1
하소동	전	35
홍도동	대	315
효동	대	375
효평동	답	4
효평동	전	6

서구

지역	지목	평당가
가수원동	답	46
가수원동	대	112
가수원동	임야	103
가수원동	전	89
가장동	대	434
갈마1동	대	284
갈마2동	대	220
갈마동	답	34
갈마동	대	392
관저동	답	23
관저동	대	383
관저동	임야	88
관저동	전	75
괴곡동	답	36
괴곡동	대	83
괴곡동	임야	5
괴정동	대	407
내동	대	331
도마1동	대	498
도마동	대	359
도안동	답	55
도안동	전	68
만년동	대	831
매로동	답	30
매로동	임야	6
매로동	전	30
변동	대	289
변동	임야	339
변동	전	88
복수동	대	346
복수동	임야	30
복수동	전	101
봉곡동	임야	1
봉곡동	전	12
산직동	답	16
산직동	대	37
산직동	임야	2
산직동	전	16
오동	답	37
오동	대	27
오동	전	34
용문동	대	503
용촌동	대	36
용촌동	임야	4
우명동	답	13
우명동	임야	1
우명동	전	14
원정동	답	10
원정동	임야	2
원정동	전	30
월평1동	답	130
월평1동	대	564
월평1동	전	110
월평동	답	100
월평동	대	250
월평동	전	136
장안동	답	2
장안동	대	40
장안동	임야	2
장안동	전	27
정림동	대	273
정림동	임야	62
정림동	전	173
탄방동	대	556
평촌동	답	30
평촌동	대	38
평촌동	전	34
흑석동	답	19
흑석동	대	83
흑석동	임야	6
흑석동	전	36

유성구

지역	지목	평당가
갑동	답	125
갑동	대	141
갑동	임야	95
갑동	전	110
계산동	답	35
계산동	대	103
계산동	임야	51
계산동	전	129
관평동	대	906
관평동	임야	30
교촌동	답	62
교촌동	대	485
교촌동	임야	31
교촌동	전	137
구룡동	답	34
구룡동	임야	7
구룡동	전	24
구암동	답	95
구암동	대	820
구암동	임야	17
구암동	전	138
궁동	답	107
궁동	대	610
금고동	임야	14
금고동	전	100
금탄동	대	43
금탄동	전	10
노은동	답	111

지역	지목	평당가	지역	지목	평당가	지역	지목	평당가
노은동	대	586	봉명동	전	137	용산동	대	45
노은동	임야	29	봉산동	답	120	용산동	임야	80
노은동	전	198	봉산동	대	260	용산동	전	95
대동	전	28	봉산동	전	88	원내동	대	280
대정동	답	79	상대동	답	56	원내동	전	147
대정동	대	367	상대동	대	243	원신흥동	답	55
대정동	임야	32	상대동	임야	10	원신흥동	전	286
대정동	전	66	성북동	답	24	원촌동	임야	70
덕명동	답	160	성북동	대	77	자운동	답	110
덕명동	대	140	성북동	임야	3	자운동	임야	10
덕명동	임야	65	성북동	전	20	자운동	전	150
덕명동	전	127	세동	답	17	장대동	답	150
덕진동	답	30	세동	대	59	장대동	대	459
덕진동	임야	31	세동	임야	5	장대동	임야	150
덕진동	전	90	세동	전	17	장대동	전	70
도룡동	대	395	송강동	임야	30	장동	답	105
도룡동	임야	18	송정동	답	23	장동	임야	30
둔곡동	답	24	송정동	대	69	장동	전	48
둔곡동	임야	10	송정동	임야	6	전민동	답	115
둔곡동	전	15	송정동	전	88	전민동	대	242
문지동	답	85	신동	답	28	전민동	전	103
문지동	대	89	신동	대	59	죽동	답	68
문지동	임야	16	신동	임야	3	죽동	대	312
문지동	전	101	신동	전	15	죽동	임야	48
반석동	답	88	신성동	답	52	죽동	전	63
반석동	대	900	신성동	대	342	지족동	답	113
반석동	임야	130	신성동	전	50	지족동	대	615
반석동	전	159	안산동	답	65	지족동	임야	79
방동	답	25	안산동	대	126	지족동	전	72
방동	대	155	안산동	전	91	탑립동	답	69
방동	임야	8	외삼동	답	70	탑립동	임야	8
방동	전	37	외삼동	대	137	탑립동	전	112
방현동	전	71	외삼동	임야	44	하기동	답	62
복룡동	답	100	외삼동	전	74	하기동	대	513
복룡동	대	186	용계동	답	53	하기동	임야	99
복룡동	임야	4	용계동	대	132	하기동	전	50
복룡동	전	112	용계동	임야	51	학하동	답	55
봉명동	답	120	용계동	전	68	학하동	대	148
봉명동	대	815	용산동	답	120	학하동	임야	85

지역	지목	평당가
학하동	전	154
화암동	답	43
화암동	대	271
화암동	임야	23
화암동	전	98

중구

지역	지목	평당가
구완동	임야	3
금동	임야	10
금동	전	9
대사동	대	286
대흥동	대	434
대흥동	전	399
목달동	답	16
목달동	대	41
목달동	임야	6
목달동	전	26

지역	지목	평당가
목동	대	476
무수동	전	11
문창동	대	325
문화1동	답	270
문화1동	대	500
문화1동	전	14
문화2동	대	131
문화동	답	700
문화동	대	306
부사동	대	277
사정동	대	289
사정동	임야	19
산성동	대	321
석교동	대	296
선화동	대	338
안영동	대	260
안영동	임야	14

지역	지목	평당가
어남동	전	16
오류동	대	660
옥계동	대	264
옥계동	임야	15
용두동	대	687
유천1동	대	241
유천2동	대	340
유천동	대	428
은행동	대	505
정생동	답	13
정생동	전	25
중촌동	대	302
침산동	전	31
태평동	대	500
호동	대	66

울산광역시

남구

지역	지목	평당가
달동	대	476
무거1동	대	126
무거동	임야	85
삼산동	대	634
상개동	임야	10
선암동	대	265
선암동	임야	20
신정5동	대	200
신정동	대	350
야음동	대	170
옥동	대	450

동구

지역	지목	평당가
일산동	대	550

북구

지역	지목	평당가
매곡동	대	115
매곡동	임야	38
무룡동	임야	10
산하동	답	50

중구

지역	지목	평당가
남외동	대	184
다운동	대	170
성안동	대	76
학성동	대	314

울주군

지역	지목	평당가
두동면	답	7
두동면	임야	20
두동면	전	22
두서면	답	12
두서면	임야	6
범서면	답	45
범서면	임야	4
삼남면	답	35
삼남면	대	59
삼남면	임야	24
삼동면	임야	29
상북면	답	54
상북면	대	82
상북면	임야	13
상북면	전	123
서생면	답	41
서생면	대	208
서생면	임야	16
서생면	전	63
언양읍	답	146
언양읍	대	126
언양읍	임야	7
언양읍	전	18
온산읍	답	19
온산읍	대	156
온산읍	임야	18
온산읍	전	19
온양면	답	14
온양면	대	100
온양면	임야	100
온양면	전	64
웅촌면	답	28
웅촌면	대	47
웅촌면	임야	16
웅촌면	전	32
청량면	임야	3
청량면	전	34

강원도

지역	지목	평당가
강릉시		
강동면	답	150
강동면	대	160
강동면	임야	75
강동면	전	63
강문동	대	578
강문동	전	149
견소동	대	200
견소동	전	79
교동	대	329
교동	임야	300
교동	전	51
구정면	답	30
구정면	대	34
구정면	임야	29
구정면	전	58
내곡동	답	20
내곡동	대	200
내곡동	전	61
노암동	답	60
노암동	대	94
노암동	전	56
대전동	임야	50
두산동	답	50
명주동	임야	70
박월동	대	58
박월동	임야	35
병산동	대	213
사천면	답	44
사천면	대	114
사천면	임야	24
사천면	전	57
성산면	답	78
성산면	대	26
성산면	임야	10
성산면	전	33
송정동	대	82
안현동	대	150
안현동	임야	50
안현동	전	65
연곡면	답	19
연곡면	대	195
연곡면	임야	9
연곡면	전	34
옥계면	답	28
옥계면	대	83
옥계면	임야	15
옥계면	전	50
옥천동	대	800
왕산면	대	22
왕산면	임야	4
왕산면	전	8
운산동	임야	5
유산동	임야	24
유천동	임야	7
임당동	대	826
입암동	대	154
입암동	전	93
저동	답	121
저동	대	130
저동	임야	50
저동	전	125
주문진읍	답	24
주문진읍	대	130
주문진읍	임야	7
주문진읍	전	105
청량동	대	64
초당동	대	132
초당동	전	124
포남동	답	350
포남동	대	529
회산동	답	80
동해시		
괴란동	전	78
구미동	대	55
구미동	전	32
내동	임야	1
단봉동	답	30
단봉동	대	40
단봉동	임야	7
대진동	임야	17
대진동	전	20
동호동	대	77
동회동	답	50
만우동	답	8
만우동	전	4
망상동	대	60
망상동	임야	19
망상동	전	65
묵호동	임야	15
묵호동	전	70
발한동	답	40
발한동	대	80
발한동	임야	10
발한동	전	25
부곡동	대	486
부곡동	임야	1
부곡동	전	50
북평동	대	100
삼화동	대	150
삼화동	전	33
송정동	답	50
송정동	대	108

지역	지목	평당가
쇄운동	전	25
신흥동	대	19
심곡동	임야	20
심곡동	전	33
어달동	임야	5
어달동	전	17
용정동	대	70
용정동	임야	50
이로동	대	25
이로동	임야	2
이로동	전	13
지흥동	임야	8
천곡동	대	142
천곡동	임야	91
천곡동	전	20
초구동	임야	1
추암동	답	25
추암동	임야	15
추암동	전	8
평릉동	대	500
평릉동	임야	20
평릉동	전	57
효가동	대	215
효가동	전	180

삼척시

지역	지목	평당가
가곡면	대	32
가곡면	임야	1
가곡면	전	10
갈천동	대	120
갈천동	전	32
교동	답	40
교동	임야	35
교동	전	25
근덕면	답	28
근덕면	대	96
근덕면	임야	7
근덕면	전	26
근산동	임야	2
남양동	대	230
도경동	임야	8
도계읍	임야	1
등봉동	임야	17
미로면	대	50
미로면	임야	1
신기면	대	75
신기면	임야	15
신기면	전	12
오사동	대	80
우지동	임야	10
원덕읍	답	38
원덕읍	대	67
원덕읍	임야	1
원덕읍	전	39
정상동	대	14
하장면	대	8
하장면	임야	2
하장면	전	3

속초시

지역	지목	평당가
교동	대	398
교동	임야	87
금호동	임야	90
노학동	답	55
노학동	대	128
노학동	임야	22
노학동	전	29
대포동	대	238
대포동	임야	78
대포동	전	56
도문동	대	46
도문동	전	80
동명동	대	80
설악동	대	167
장사동	대	170
장사동	임야	26
장사동	전	67
조양동	답	50
조양동	대	278
조양동	임야	19
조양동	전	283
중앙동	대	273
청학동	대	360
청호동	대	119

원주시

지역	지목	평당가
가현동	답	15
가현동	임야	9
가현동	전	10
개운동	대	323
개운동	임야	60
관설동	대	214
관설동	임야	17
관설동	전	52
귀래면	답	12
귀래면	대	25
귀래면	임야	3
귀래면	전	12
단계동	답	45
단계동	대	811
단구동	답	65
단구동	대	169
단구동	임야	7
단구동	전	356
무실동	답	87
무실동	대	410
무실동	임야	38
무실동	전	52
문막읍	답	30
문막읍	대	97
문막읍	임야	16
문막읍	전	34
반곡동	답	35
반곡동	대	37
반곡동	임야	6
반곡동	전	61
봉산동	답	20

지역	지목	평당가
봉산동	대	88
봉산동	임야	7
봉산동	전	40
부론면	답	8
부론면	대	30
부론면	임야	4
부론면	전	11
소초면	답	72
소초면	대	37
소초면	임야	7
소초면	전	27
신림면	대	40
신림면	임야	5
신림면	전	18
우산동	대	361
원동	대	327
일산동	대	304
지정면	답	24
지정면	대	50
지정면	임야	15
지정면	전	39
태장2동	대	62
태장동	답	31
태장동	대	71
태장동	임야	48
태장동	전	100
판부면	답	32
판부면	대	108
판부면	임야	18
판부면	전	71
학성동	답	104
학성동	대	250
행구동	답	96
행구동	대	69
행구동	임야	17
행구동	전	51
호저면	대	49
호저면	임야	38
호저면	전	32
흥업면	답	33
흥업면	대	53
흥업면	임야	22
흥업면	전	21

춘천시

지역	지목	평당가
근화동	대	190
근화동	전	118
남면	답	28
남면	대	42
남면	임야	7
남면	전	23
남산면	답	66
남산면	대	143
남산면	임야	29
남산면	전	49
동내면	답	68
동내면	대	255
동내면	임야	19
동내면	전	39
동면	답	41
동면	대	82
동면	임야	22
동면	전	35
동산면	답	20
동산면	대	23
동산면	임야	5
동산면	전	14
북산면	답	15
북산면	대	62
북산면	임야	1
북산면	전	31
사농동	답	88
사농동	전	85
사북면	답	24
사북면	대	36
사북면	임야	17
사북면	전	31
삼천동	대	144
삼천동	임야	67
삼천동	전	96
서면	답	47
서면	대	87
서면	임야	15
서면	전	48
석사동	답	190
석사동	대	300
석사동	임야	70
소양로	대	287
송암동	임야	3
송암동	전	114
신동	답	15
신동	대	45
신동	전	46
신동면	답	45
신동면	대	19
신동면	임야	4
신동면	전	45
신북읍	답	13
신북읍	대	37
신북읍	임야	43
신북읍	전	41
옥천동	대	128
온의동	답	80
온의동	대	250
온의동	임야	60
온의동	전	70
우두동	답	75
우두동	대	147
우두동	임야	30
우두동	전	87
조양동	대	894
칠전동	대	173
칠전동	임야	3
칠전동	전	60
퇴계동	대	348
효자1동	대	492
효자2동	대	287

지역	지목	평당가
효자동	대	497
후평1동	대	450
후평동	대	285

태백시

지역	지목	평당가
금천동	대	74
소도동	대	121
소도동	임야	13
원동	임야	1
장성동	전	35
창죽동	답	30
창죽동	전	3
혈동	임야	12
화전동	대	20
황지동	대	231
황지동	임야	32
황지동	전	211

고성군

지역	지목	평당가
간성읍	대	245
간성읍	임야	6
간성읍	전	20
거진읍	답	30
거진읍	임야	13
거진읍	전	26
죽왕면	답	25
죽왕면	대	106
죽왕면	임야	41
죽왕면	전	46
토성면	답	18
토성면	대	77
토성면	임야	17
토성면	전	69
현내면	답	55
현내면	대	59
현내면	임야	16
현내면	전	28

양구군

지역	지목	평당가
남면	임야	2
남면	전	12
동면	답	13
동면	대	3
동면	임야	3
동면	전	8
방산면	답	3
방산면	임야	2
방산면	전	5
양구읍	답	10
양구읍	대	38
양구읍	임야	2
양구읍	전	9
해안면	답	3
해안면	대	6
해안면	전	3

양양군

지역	지목	평당가
강현면	답	60
강현면	대	111
강현면	임야	72
강현면	전	56
서면	대	83
서면	임야	19
서면	전	25
손양면	답	30
손양면	대	45
손양면	임야	31
손양면	전	66
양양읍	답	192
양양읍	대	394
양양읍	임야	56
양양읍	전	107
현남면	답	28
현남면	임야	11
현남면	전	45
현북면	답	10
현북면	대	144
현북면	임야	62
현북면	전	19

영월군

지역	지목	평당가
남면	답	5
남면	대	15
남면	임야	2
남면	전	9
북면	대	30
북면	임야	1
북면	전	1
상동읍	전	38
서면	대	25
서면	임야	1
서면	전	20
수주면	대	72
수주면	임야	8
수주면	전	13
영월읍	대	41
영월읍	임야	11
영월읍	전	23
주천면	답	13
주천면	대	143
주천면	임야	3
주천면	전	8
중동면	답	7
중동면	대	83
중동면	임야	1
중동면	전	7
하동면	답	6
하동면	대	23
하동면	임야	4
하동면	전	9

인제군

지역	지목	평당가
기린면	답	7
기린면	대	18
기린면	임야	13
기린면	전	12
남면	임야	38

지역	지목	평당가
남면	전	7
북면	답	26
북면	대	150
북면	임야	35
북면	전	25
상남면	답	19
상남면	대	37
상남면	임야	6
상남면	전	24
서화면	대	14
서화면	임야	1
서화면	전	10
인제읍	답	11
인제읍	대	32
인제읍	임야	3
인제읍	전	10

정선군

지역	지목	평당가
고한읍	대	178
고한읍	임야	26
고한읍	전	17
남면	대	63
남면	임야	8
남면	전	21
동면	대	23
동면	임야	1
동면	전	10
북면	대	28
북면	임야	5
북면	전	12
북평면	대	148
북평면	임야	9
북평면	전	24
사북읍	답	30
사북읍	대	426
사북읍	임야	36
신동읍	답	10
신동읍	대	30
신동읍	임야	3
신동읍	전	8
임계면	대	15
임계면	임야	2
임계면	전	3
정선읍	대	47
정선읍	임야	21
정선읍	전	10

철원군

지역	지목	평당가
갈말읍	답	40
갈말읍	대	77
갈말읍	임야	2
갈말읍	전	20
근남면	답	20
근남면	대	24
근남면	임야	2
근남면	전	3
근북면	답	5
근북면	대	25
근북면	임야	8
근북면	전	5
김화읍	임야	1
김화읍	전	13
동송읍	답	10
동송읍	대	142
동송읍	임야	13
동송읍	전	28
서면	답	20
서면	대	36
서면	임야	3
서면	전	5
철원읍	답	11
철원읍	대	38
철원읍	임야	4
철원읍	전	4

평창군

지역	지목	평당가
대화면	답	14
대화면	대	16
대화면	임야	6
도암면	답	28
도암면	대	165
도암면	임야	10
도암면	전	21
미탄면	대	92
미탄면	임야	3
미탄면	전	9
방림면	답	39
방림면	대	30
방림면	임야	7
방림면	전	12
봉평면	답	31
봉평면	대	65
봉평면	임야	22
봉평면	전	23
용평면	답	11
용평면	대	47
용평면	임야	7
용평면	전	17
진부면	답	90
진부면	대	54
진부면	임야	4
진부면	전	16
평창읍	답	119
평창읍	대	100
평창읍	임야	6
평창읍	전	11

홍천군

지역	지목	평당가
남면	답	17
남면	대	79
남면	임야	3
남면	전	41
내면	답	11
내면	대	47
내면	임야	4
내면	전	9
내촌면	답	6

지역	지목	평당가
내촌면	대	252
내촌면	임야	7
내촌면	전	7
동면	답	6
동면	대	49
동면	임야	20
동면	전	21
두촌면	답	6
두촌면	대	13
두촌면	임야	7
두촌면	전	229
북방면	답	25
북방면	대	84
북방면	임야	7
북방면	전	20
서면	답	20
서면	대	83
서면	임야	13
서면	전	181
서석면	답	18
서석면	대	113
서석면	임야	6
서석면	전	10
홍천읍	답	35
홍천읍	대	148
화촌면	답	10
화촌면	대	100
화촌면	임야	6
화촌면	전	22

화천군

지역	지목	평당가
간동면	답	3
간동면	대	34
간동면	임야	3
간동면	전	6
사내면	답	8
사내면	대	27
사내면	임야	4
사내면	전	13
상서면	답	10
상서면	대	11
상서면	전	6
하남면	답	26
하남면	임야	5
하남면	전	9
화천읍	대	99
화천읍	임야	2
화천읍	전	6

횡성군

지역	지목	평당가
갑천면	답	4
갑천면	대	29
갑천면	임야	6
갑천면	전	12
강림면	답	9
강림면	대	21
강림면	임야	12
강림면	전	11
공근면	답	6
공근면	대	15
공근면	임야	6
공근면	전	9
둔내면	답	17
둔내면	대	41
둔내면	임야	8
둔내면	전	22
서원면	답	10
서원면	대	18
서원면	임야	5
서원면	전	14
안흥면	답	8
안흥면	대	20
안흥면	임야	7
안흥면	전	16
우천면	답	26
우천면	대	68
우천면	임야	4
우천면	전	13
청일면	답	5
청일면	대	16
청일면	임야	2
청일면	전	216
횡성읍	답	19
횡성읍	대	750
횡성읍	임야	10
횡성읍	전	20

경기도

지역	지목	평당가
고양시 덕양구		
강매동	답	70
강매동	대	283
강매동	임야	40
강매동	전	94
고양동	답	145
고양동	대	647
고양동	임야	46
고양동	전	203
관산동	답	78
관산동	대	202
관산동	임야	61
관산동	전	112
내곡동	답	81
내곡동	대	821
내곡동	임야	24
내곡동	전	130
내유동	답	79
내유동	대	170
내유동	임야	133
내유동	전	123
대자동	답	57
대자동	대	128
대자동	임야	48
대자동	전	70
대장동	답	93
대장동	대	282
대장동	임야	72
대장동	전	122
덕은동	답	243
덕은동	대	399
덕은동	임야	131
덕은동	전	239
도내동	답	80
도내동	대	212
도내동	임야	66
도내동	전	109
동산동	답	80
동산동	대	339
동산동	임야	20
동산동	전	140
벽제동	답	124
벽제동	대	144
벽제동	임야	27
벽제동	전	65
삼송동	답	85
삼송동	대	519
삼송동	임야	61
삼송동	전	959
선유동	답	46
선유동	대	60
선유동	임야	20
선유동	전	49
성사1동	답	83
성사1동	임야	28
성사1동	전	106
성사2동	대	800
성사2동	전	60
성사동	답	140
성사동	대	470
성사동	임야	50
성사동	전	126
신원동	답	65
신원동	대	141
신원동	임야	34
신원동	전	59
신평동	답	58
신평동	대	211
신평동	전	63
오금동	답	62
오금동	대	200
오금동	임야	25
오금동	전	60
용두동	답	128
용두동	대	245
용두동	임야	35
용두동	전	132
원당동	답	95
원당동	대	220
원당동	임야	354
원당동	전	80
원흥동	답	74
원흥동	대	272
원흥동	임야	25
원흥동	전	97
주교동	답	70
주교동	대	496
주교동	임야	155
주교동	전	92
지축동	답	203
지축동	대	359
지축동	임야	42
지축동	전	192
토당동	답	45
토당동	대	621
토당동	임야	50
토당동	전	64
행신1동	전	50
행신동	답	80
행신동	대	530
행신동	전	161
행주내동	답	63
행주내동	대	266
행주내동	전	85

지역	지목	평당가
행주외동	답	43
행주외동	대	346
행주외동	임야	87
행주외동	전	80
향동동	대	308
향동동	임야	145
향동동	전	207
현천동	답	87
현천동	대	285
현천동	임야	56
현천동	전	164
화전동	답	154
화전동	대	460
화전동	전	359
화정1동	답	82
화정1동	임야	77
화정동	답	66
화정동	임야	115
화정동	전	149
효자동	대	321
효자동	전	152

고양시 일산구

지역	지목	평당가
가좌동	답	80
가좌동	대	325
가좌동	임야	189
가좌동	전	111
구산동	답	64
구산동	대	175
구산동	임야	150
구산동	전	111
대화동	답	90
대화동	전	423
덕이동	답	113
덕이동	대	652
덕이동	임야	222
덕이동	전	218
마두동	대	683
문봉동	답	100
문봉동	대	152
문봉동	임야	101
문봉동	전	123
백석동	답	82
백석동	대	864
백석동	전	159
법곳동	답	53
법곳동	대	262
법곳동	임야	210
법곳동	전	132
사리현동	답	46
사리현동	대	156
사리현동	임야	53
사리현동	전	106
산황동	답	94
산황동	대	236
산황동	임야	25
산황동	전	89
설문동	답	64
설문동	대	139
설문동	임야	138
설문동	전	130
성석동	임야	112
성석동	전	156
식사동	답	198
식사동	대	345
식사동	임야	252
식사동	전	191
일산1동	대	854
일산2동	대	598
일산2동	임야	270
일산4동	대	849
일산동	답	306
일산동	대	776
일산동	임야	191
일산동	전	756
장항1동	답	97
장항1동	전	108
장항2동	답	90
장항동	답	121
장항동	대	861
장항동	전	166
지영동	답	89
지영동	대	336
지영동	임야	66
지영동	전	86
탄현동	답	240
탄현동	대	766
탄현동	임야	313
탄현동	전	475
풍동	답	144
풍동	대	426
풍동	임야	206
풍동	전	226

과천시

지역	지목	평당가
갈현동	답	138
갈현동	대	573
갈현동	임야	76
갈현동	전	268
과천동	답	302
과천동	대	737
과천동	임야	207
과천동	전	169
관문동	대	445
관문동	임야	450
관문동	전	332
막계동	답	144
막계동	전	197
문원동	답	213
문원동	대	556
문원동	임야	388
문원동	전	780
별양동	임야	815
원문동	임야	773
주암동	답	225
주암동	대	557
주암동	임야	401

지역	지목	평당가
주암동	전	185
중앙동	임야	683

광명시

지역	지목	평당가
가학동	답	109
가학동	임야	50
가학동	전	116
광명3동	대	563
광명6동	대	950
광명7동	답	120
광명7동	대	378
광명7동	임야	120
광명동	답	148
광명동	전	206
노온사동	답	90
노온사동	대	326
노온사동	임야	40
노온사동	전	120
소하1동	대	626
소하1동	전	110
소하2동	답	180
소하2동	대	727
소하2동	임야	23
소하2동	전	273
소하동	답	216
소하동	임야	79
소하동	전	220
옥길동	답	141
옥길동	대	316
옥길동	임야	54
옥길동	전	116
일직동	답	129
일직동	임야	29
일직동	전	288
철산3동	대	709
철산4동	대	852
철산동	대	632
철산동	전	500
하안1동	답	84
하안1동	임야	102
하안1동	전	159
하안동	답	238
하안동	임야	87
하안동	전	172

광주시

지역	지목	평당가
경안동	답	315
경안동	대	313
경안동	임야	145
경안동	전	124
광주읍	답	132
광주읍	대	167
광주읍	임야	44
광주읍	전	142
남종면	답	38
남종면	대	152
남종면	임야	20
남종면	전	52
도척면	답	53
도척면	대	69
도척면	전	59
목동	답	178
목동	대	118
목동	임야	50
목동	전	114
목현동	답	165
목현동	대	154
목현동	임야	64
목현동	전	171
삼동	답	100
삼동	대	210
삼동	임야	112
삼동	전	166
송정동	답	165
송정동	대	283
송정동	임야	88
송정동	전	265
실촌읍	답	66
실촌읍	대	77
실촌읍	임야	38
실촌읍	전	83
쌍령동	답	141
쌍령동	대	178
쌍령동	임야	69
쌍령동	전	145
역동	답	267
역동	대	421
역동	임야	127
역동	전	110
오포읍	답	140
오포읍	임야	91
오포읍	전	151
장지동	답	141
장지동	대	166
장지동	임야	130
장지동	전	174
중대동	대	303
중대동	임야	102
중대동	전	95
중부면	답	157
중부면	대	189
중부면	임야	14
중부면	전	115
직동	답	53
직동	대	108
직동	임야	52
직동	전	161
초월읍	답	78
초월읍	대	125
초월읍	임야	62
초월읍	전	125
탄벌동	답	150
탄벌동	대	255
탄벌동	임야	76
탄벌동	전	229
태전동	답	200
태전동	대	240

지역	지목	평당가
태전동	임야	83
태전동	전	188
퇴촌면	답	62
퇴촌면	대	97
퇴촌면	임야	89
퇴촌면	전	61
회덕동	대	175
회덕동	임야	81
회덕동	전	95

구리시

지역	지목	평당가
갈매동	답	116
갈매동	대	394
갈매동	임야	199
갈매동	전	175
교문1동	대	274
교문2동	대	435
교문동	답	210
교문동	대	878
교문동	임야	41
교문동	전	169
사노동	답	102
사노동	대	240
사노동	임야	71
사노동	전	135
수택동	전	69
아천동	답	301
아천동	대	498
아천동	임야	131
아천동	전	316
인창동	답	35
인창동	임야	13
인창동	전	246
토평동	답	215
토평동	대	714
토평동	임야	366
토평동	전	208

군포시

지역	지목	평당가
군포2동	답	200
군포2동	임야	100
군포동	전	65
금정동	대	897
금정동	전	284
당동	답	250
당동	대	678
당동	임야	389
당동	전	237
당정동	대	587
당정동	임야	141
대야미동	답	63
대야미동	대	498
대야미동	임야	32
대야미동	전	270
도마교동	답	126
도마교동	대	213
도마교동	전	89
둔대동	답	43
둔대동	대	308
둔대동	임야	17
둔대동	전	69
부곡동	답	97
부곡동	대	277
부곡동	임야	61
부곡동	전	157
산본1동	대	560
산본2동	대	690
산본동	대	897
산본동	임야	16
산본동	전	335
속달동	답	31
속달동	대	262
속달동	임야	18
속달동	전	330
수리동	임야	7

김포시

지역	지목	평당가
감정동	답	116
감정동	대	469
감정동	임야	148
감정동	전	283
걸포동	답	74
걸포동	대	309
걸포동	전	70
고촌면	답	287
고촌면	대	236
고촌면	임야	58
고촌면	전	121
대곶면	답	65
대곶면	임야	64
북변동	답	46
북변동	대	618
북변동	임야	179
사우동	답	72
사우동	대	426
사우동	임야	259
사우동	전	218
양촌면	답	149
양촌면	대	240
양촌면	임야	61
양촌면	전	151
운양동	답	73
운양동	임야	100
운양동	전	79
월곶면	답	39
월곶면	대	113
월곶면	임야	44
월곶면	전	136
장기동	답	83
장기동	대	245
장기동	전	61
통진읍	답	57
통진읍	대	179

지역	지목	평당가
통진읍	임야	64
통진읍	전	100
풍무동	답	160
풍무동	대	579
풍무동	임야	250
풍무동	전	235
하성면	답	43
하성면	대	110
하성면	임야	47
하성면	전	79

남양주시

지역	지목	평당가
가운동	답	199
가운동	대	245
가운동	임야	45
가운동	전	221
금곡동	답	149
금곡동	대	340
금곡동	임야	43
금곡동	전	96
도농동	답	145
도농동	대	682
도농동	전	172
별내면	답	108
별내면	대	277
별내면	임야	51
별내면	전	668
삼패동	답	112
삼패동	대	262
삼패동	임야	49
삼패동	전	113
수동면	답	48
수동면	대	57
수동면	임야	21
수동면	전	41
수석동	답	268
수석동	대	278
수석동	임야	47
수석동	전	208
오남읍	답	185
오남읍	대	364
오남읍	임야	73
오남읍	전	131
와부읍	답	97
와부읍	대	248
와부읍	임야	38
와부읍	전	96
이패동	답	91
이패동	대	199
이패동	임야	41
이패동	전	109
일패동	답	106
일패동	대	442
일패동	임야	40
일패동	전	90
조안면	답	38
조안면	대	115
조안면	임야	23
조안면	전	61
지금동	답	112
지금동	대	468
지금동	임야	80
지금동	전	269
진건읍	답	71
진건읍	대	174
진건읍	임야	30
진건읍	전	116
진접읍	답	146
진접읍	대	216
진접읍	임야	37
진접읍	전	114
퇴계원면	대	498
퇴계원면	임야	184
퇴계원면	전	82
평내동	답	194
평내동	대	597
평내동	임야	71
평내동	전	502
호평동	답	237
호평동	대	690
호평동	임야	140
호평동	전	406
화도읍	답	95
화도읍	대	220
화도읍	임야	34
화도읍	전	83

동두천시

지역	지목	평당가
광암동	답	39
광암동	대	86
광암동	임야	15
광암동	전	73
내행동	전	330
동두천동	답	130
동두천동	대	263
동두천동	임야	14
동두천동	전	88
보산동	대	227
보산동	전	128
상봉암동	대	58
상봉암동	임야	10
상봉암동	전	52
상패동	답	178
상패동	대	114
상패동	임야	28
상패동	전	58
생연1동	대	475
생연1동	임야	4
생연1동	전	30
생연2동	답	55
생연2동	대	588
생연2동	전	50
생연동	답	185
생연동	대	308

지역	지목	평당가
생연동	임야	116
생연동	전	118
송내동	답	39
송내동	대	324
송내동	임야	306
송내동	전	64
안흥동	답	27
안흥동	대	83
안흥동	임야	5
안흥동	전	31
중앙동	대	662
지행동	답	149
지행동	대	772
지행동	임야	19
지행동	전	96
탑동	답	42
탑동	대	80
탑동	임야	5
탑동	전	35
하봉암동	답	21
하봉암동	대	52
하봉암동	전	20

부천시 소사구

지역	지목	평당가
계수동	답	85
계수동	대	506
계수동	임야	127
계수동	전	212
괴안동	답	180
괴안동	대	763
괴안동	임야	84
괴안동	전	149
범박동	답	99
범박동	대	504
범박동	임야	140
범박동	전	165
소사동	임야	143
소사동	전	110
소사본1동	대	550
소사본1동	전	36
소사본2동	전	500
소사본3동	대	260
소사본동	답	71
소사본동	대	989
소사본동	전	88
송내1동	대	504
송내1동	임야	35
송내2동	대	799
송내2동	임야	20
송내2동	전	50
송내동	대	746
송내동	임야	37
송내동	전	89
심곡본동	대	651
역곡1동	대	543
역곡1동	전	225
역곡2동	대	730
역곡3동	전	100
옥길동	답	99
옥길동	대	294
옥길동	임야	40
옥길동	전	107

부천시 오정구

지역	지목	평당가
고강1동	답	75
고강1동	전	90
고강동	답	161
고강동	대	487
고강동	임야	53
고강동	전	203
고강본동	답	117
고강본동	대	338
고강본동	임야	182
고강본동	전	133
내동	대	509
대장동	답	46
대장동	대	216
대장동	전	118
삼정동	답	95
삼정동	대	505
삼정동	전	204
여월동	답	70
여월동	대	430
여월동	임야	20
여월동	전	250
오정동	답	100
오정동	전	135
원종1동	대	530
원종2동	답	45
원종동	대	528
원종동	임야	125
원종동	전	108
작동	답	294
작동	대	476
작동	임야	95
작동	전	209

부천시 원미구

지역	지목	평당가
도당동	대	700
상1동	대	438
상3동	대	420
상동	답	100
상동	대	572
상동	임야	183
상동	전	81
소사동	대	967
약대동	대	554
역곡1동	대	708
역곡1동	전	184
역곡2동	답	45
역곡3동	대	968
역곡동	답	239
역곡동	대	766
역곡동	임야	50

지역	지목	평당가
원미1동	대	899
원미1동	전	270
원미동	대	548
중1동	대	824
중3동	대	650
춘의동	답	158
춘의동	대	903
춘의동	임야	90
춘의동	전	197

성남시 분당구

지역	지목	평당가
구미동	임야	150
구미동	전	476
궁내동	답	863
궁내동	대	824
궁내동	전	310
금곡동	답	256
금곡동	임야	125
금곡동	전	561
대장동	답	225
대장동	대	338
대장동	임야	67
대장동	전	289
동원동	답	312
동원동	대	451
동원동	임야	132
동원동	전	266
백현동	답	373
백현동	대	795
백현동	임야	222
백현동	전	361
분당동	답	290
분당동	임야	29
삼평동	대	240
삼평동	임야	100
서현동	답	457
서현동	대	648
서현동	임야	220
서현동	전	401
석운동	답	253
석운동	대	292
석운동	임야	159
석운동	전	640
야탑동	답	349
야탑동	임야	48
야탑동	전	281
운중동	답	293
운중동	임야	102
운중동	전	343
율동	답	155
율동	대	614
율동	임야	128
율동	전	526
이매동	답	421
이매동	대	763
이매동	임야	358
이매동	전	886
판교동	답	593
판교동	대	666
판교동	임야	609
판교동	전	278
하산운동	대	400
하산운동	임야	19

성남시 수정구

지역	지목	평당가
고등동	답	161
고등동	대	606
고등동	임야	48
고등동	전	207
금토동	답	210
금토동	대	524
금토동	임야	29
금토동	전	377
둔전동	임야	94
복정동	답	173
복정동	대	968
복정동	임야	600
복정동	전	222
사송동	답	323
사송동	대	429
사송동	임야	140
사송동	전	287
상적동	답	139
상적동	대	866
상적동	임야	111
상적동	전	105
수진동	임야	65
시흥동	답	450
시흥동	대	569
시흥동	임야	170
시흥동	전	233
신촌동	답	268
신촌동	대	618
신촌동	임야	65
신촌동	전	300
신흥2동	대	921
신흥2동	전	588
신흥동	전	130
심곡동	답	130
심곡동	대	541
심곡동	임야	21
심곡동	전	253
오야동	대	576
오야동	임야	359
오야동	전	450
창곡동	답	687
창곡동	대	692
창곡동	전	369
태평1동	임야	170
태평2동	대	680
태평3동	대	662
태평4동	대	880

성남시 중원구

지역	지목	평당가
갈현동	답	92
갈현동	대	247
갈현동	임야	22
갈현동	전	110
금광2동	대	851
금광동	전	80
도촌동	답	72
도촌동	대	386
도촌동	임야	35
도촌동	전	117
상대원1동	대	400
상대원3동	대	697
상대원동	대	539
상대원동	임야	40
성남동	답	190
성남동	임야	176
성남동	전	264
여수동	답	239
여수동	대	673
여수동	임야	169
여수동	전	275
은행동	임야	15
하대원동	대	700
하대원동	임야	146
하대원동	전	158

수원시 권선구

지역	지목	평당가
고색동	답	197
고색동	대	296
고색동	임야	127
고색동	전	178
곡반정동	답	88
곡반정동	대	604
곡반정동	전	110
구운동	답	66
구운동	대	546
구운동	전	372
권선동	답	122
권선동	대	696
권선동	임야	120
권선동	전	133
금곡동	답	64
금곡동	대	236
금곡동	임야	115
금곡동	전	108
당수동	답	65
당수동	대	289
당수동	임야	35
당수동	전	101
대황교동	답	198
대황교동	대	150
대황교동	전	200
서둔동	답	147
서둔동	대	446
세류1동	대	502
세류2동	대	413
세류3동	대	550
세류동	답	170
세류동	대	557
오목천동	답	198
오목천동	대	410
오목천동	임야	250
오목천동	전	156
입북동	답	52
입북동	대	469
입북동	전	81
탑동	답	114
탑동	대	348
탑동	전	197
평동	답	339
평동	대	324
평동	전	78
호매실동	답	68
호매실동	대	267
호매실동	임야	49
호매실동	전	283

수원시 영통구

지역	지목	평당가
망포동	답	257
망포동	대	570
망포동	임야	300
망포동	전	314
매탄1동	대	489
매탄2동	대	450
매탄3동	대	476
매탄동	답	405
매탄동	임야	370
매탄동	전	319
신동	대	438
신동	전	220
영통동	답	287
영통동	임야	136
영통동	전	264
원천동	대	420
원천동	임야	262
원천동	전	327
이의동	답	98
이의동	임야	62
하동	답	120
하동	대	526
하동	임야	28
하동	전	96

수원시 장안구

지역	지목	평당가
상광교동	대	125
상광교동	임야	8
상광교동	전	36
송죽동	대	538
송죽동	임야	20
송죽동	전	182
연무동	대	492
영화동	대	513
율전동	답	151
율전동	대	481

지역	지목	평당가
율전동	임야	339
율전동	전	341
이목동	답	132
이목동	대	235
이목동	임야	115
이목동	전	179
정자1동	대	704
정자1동	전	220
정자2동	대	357
정자동	답	20
정자동	대	635
정자동	전	143
조원동	대	525
조원동	임야	195
조원동	전	183
천천동	전	350
파장동	대	485
파장동	임야	91
파장동	전	150
하광교동	답	34
하광교동	임야	27
하광교동	전	59

수원시 팔달구

지역	지목	평당가
고등동	대	354
고등동	전	270
교동	대	458
남창동	대	855
매교동	대	458
매교동	전	314
매산로3가	대	446
북수동	대	429
우만1동	대	878
우만2동	대	944
우만동	대	690
인계동	답	75
인계동	대	943
장안동	대	314
지동	대	484
팔달로	대	683
팔달로1가	대	961
화서1동	대	311
화서2동	대	347
화서동	답	220
화서동	대	398

시흥시

지역	지목	평당가
거모동	답	55
거모동	대	213
거모동	임야	44
거모동	전	58
계수동	답	236
계수동	대	415
계수동	임야	43
계수동	전	132
과림동	대	259
과림동	임야	47
과림동	전	141
광석동	답	259
광석동	대	198
광석동	임야	17
광석동	전	114
군자동	답	50
군자동	대	184
군자동	임야	21
군자동	전	86
금이동	답	44
금이동	대	221
금이동	임야	19
금이동	전	83
논곡동	답	100
논곡동	대	286
논곡동	임야	45
논곡동	전	92
능곡동	답	71
능곡동	대	383
능곡동	임야	17
능곡동	전	134
대야동	답	85
대야동	대	559
대야동	임야	12
대야동	전	120
도창동	답	59
도창동	대	255
도창동	임야	39
도창동	전	79
매화동	답	42
매화동	대	227
매화동	임야	23
매화동	전	100
목감동	답	59
목감동	대	256
목감동	임야	42
목감동	전	96
무지내동	답	135
무지내동	대	270
무지내동	임야	11
무지내동	전	111
물왕동	답	144
물왕동	대	373
물왕동	임야	14
물왕동	전	161
미산동	답	69
미산동	대	210
미산동	임야	27
미산동	전	89
방산동	답	43
방산동	대	196
방산동	임야	28
방산동	전	88
산현동	답	48
산현동	대	183
산현동	임야	29
산현동	전	85

지역	지목	평당가
신천동	답	73
신천동	대	530
신천동	임야	75
신천동	전	231
안현동	답	44
안현동	대	190
안현동	임야	16
안현동	전	87
월곶동	답	45
월곶동	임야	26
월곶동	전	87
은행동	답	43
은행동	대	390
은행동	임야	48
은행동	전	80
장곡동	답	63
장곡동	대	629
장곡동	임야	33
장곡동	전	70
장현동	답	55
장현동	대	703
장현동	임야	57
장현동	전	85
정왕1동	답	39
정왕1동	대	475
정왕1동	임야	36
정왕1동	전	105
정왕2동	대	435
정왕2동	임야	28
정왕2동	전	66
정왕동	답	49
정왕동	임야	110
정왕동	전	585
조남동	답	58
조남동	임야	26
조남동	전	66
죽율동	답	52
죽율동	대	187
죽율동	임야	39
죽율동	전	63
포동	답	48
포동	대	259
포동	임야	17
포동	전	78
하상동	답	34
하상동	대	473
하상동	임야	4
하상동	전	58
하중1동	답	32
하중1동	대	330
하중2동	답	35
하중2동	대	765
하중2동	전	90
하중동	답	42
하중동	대	342
하중동	임야	63
하중동	전	111
화정동	대	235
화정동	임야	70
화정동	전	60

안산시 단원구

지역	지목	평당가
고잔1동	대	437
고잔2동	대	879
고잔동	대	573
고잔동	임야	182
고잔동	전	435
대부남동	답	29
대부남동	대	62
대부남동	임야	28
대부남동	전	42
대부동동	답	46
대부동동	대	70
대부동동	임야	34
대부동동	전	44
대부북동	답	62
대부북동	대	113
대부북동	임야	129
대부북동	전	53
목내동	임야	11
선감동	답	57
선감동	대	116
선감동	임야	62
선감동	전	58
선부1동	대	850
선부1동	임야	13
선부2동	답	60
선부2동	대	351
선부2동	전	45
선부3동	대	350
선부3동	임야	15
선부3동	전	68
선부동	답	45
선부동	대	470
선부동	임야	40
선부동	전	80
성곡동	임야	11
신길동	답	49
신길동	대	263
신길동	임야	46
신길동	전	74
와동	답	75
와동	대	434
와동	임야	20
와동	전	220
원곡동	대	565
원시동	대	190
원시동	임야	10
초지동	대	433
초지동	임야	28
초지동	전	158
풍도동	전	3
화정동	답	53
화정동	대	166

지역	지목	평당가
화정동	임야	13
화정동	전	46

안산시 상록구

지역	지목	평당가
건건동	답	65
건건동	대	332
건건동	임야	27
건건동	전	115
본오1동	답	38
본오1동	대	344
본오1동	전	63
본오2동	대	381
본오3동	대	558
본오동	답	21
본오동	대	480
본오동	전	79
부곡동	답	36
부곡동	대	337
부곡동	임야	105
부곡동	전	80
사1동	대	394
사1동	전	65
사2동	대	443
사동	대	428
사동	임야	262
사사동	답	166
사사동	대	177
사사동	임야	25
사사동	전	54
수암동	답	63
수암동	대	206
수암동	임야	8
수암동	전	74
양상동	답	35
양상동	대	180
양상동	임야	12
양상동	전	80
월피동	답	65
월피동	대	500
월피동	임야	158
월피동	전	29
이동	대	449
이동	임야	900
일동	대	453
일동	임야	13
장상동	답	50
장상동	대	145
장상동	임야	33
장상동	전	73
장하동	답	40
장하동	대	208
장하동	임야	11
장하동	전	70
팔곡이동	답	39
팔곡이동	대	319
팔곡이동	임야	40
팔곡이동	전	107
팔곡일동	답	36
팔곡일동	대	226
팔곡일동	임야	15
팔곡일동	전	90

안성시

지역	지목	평당가
가사동	답	165
가현동	답	35
계동	전	40
고삼면	답	20
고삼면	대	82
고삼면	임야	16
고삼면	전	25
공도면	답	52
공도면	대	145
공도면	임야	160
공도면	전	45
금광면	답	16
금광면	대	93
금광면	전	16
금산동	대	66
금산동	전	50
금석동	답	62
금석동	대	56
금석동	임야	35
금석동	전	15
낙원동	대	119
당왕동	답	90
당왕동	대	170
당왕동	전	44
대덕면	답	40
대덕면	대	127
대덕면	임야	34
대덕면	전	49
도기동	답	68
도기동	대	139
도기동	임야	31
미양면	답	25
미양면	대	52
미양면	임야	18
미양면	전	29
발화동	전	30
보개면	답	18
보개면	대	35
보개면	임야	12
보개면	전	18
봉산동	대	250
사곡동	답	40
사곡동	대	15
사곡동	임야	11
삼죽면	답	12
삼죽면	대	48
삼죽면	임야	12
삼죽면	전	43
서운면	답	35
서운면	대	145
서운면	임야	31

지역	지목	평당가
서운면	전	24
서인동	답	102
석정동	답	300
석정동	대	300
숭인동	대	360
신건지동	대	146
신모산동	전	20
신소현동	답	90
신소현동	대	85
신소현동	임야	6
신흥동	답	10
아양동	답	85
양성면	답	27
양성면	대	68
양성면	임야	28
양성면	전	37
옥산동	답	81
옥산동	대	143
옥산동	전	110
옥천동	임야	25
원곡면	답	47
원곡면	대	97
원곡면	임야	34
원곡면	전	58
인지동	대	390
일죽면	답	36
일죽면	대	38
일죽면	임야	19
일죽면	전	26
죽산면	답	27
죽산면	대	63
죽산면	임야	14
죽산면	전	30
중리동	대	150
중리동	전	24

안양시 동안구

지역	지목	평당가
갈산동	대	616
관양1동	대	274
관양1동	전	170
관양2동	대	979
관양2동	전	121
관양동	임야	67
관양동	전	129
비산1동	대	658
비산3동	대	629
비산3동	전	283
비산동	대	840
비산동	전	278
신촌동	임야	124
신촌동	전	309
호계1동	대	946
호계3동	대	949

안양시 만안구

지역	지목	평당가
박달1동	대	600
박달2동	대	505
박달2동	임야	60
박달2동	전	453
박달동	대	730
박달동	임야	53
박달동	전	387
석수1동	대	497
석수1동	임야	83
석수1동	전	259
석수2동	대	553
석수2동	임야	7
석수동	답	244
석수동	대	586
석수동	임야	61
석수동	전	208
안양1동	전	360
안양2동	대	682
안양2동	임야	10
안양3동	대	625
안양4동	대	853
안양5동	대	785
안양5동	임야	145
안양6동	대	843
안양7동	대	559
안양8동	대	503
안양9동	대	349
안양9동	임야	249
안양동	임야	36
안양동	전	199

양주시

지역	지목	평당가
고암동	답	262
고암동	대	132
고암동	임야	53
고암동	전	72
고읍동	답	151
고읍동	대	125
고읍동	임야	79
고읍동	전	121
광사동	답	185
광사동	대	116
광사동	임야	38
광사동	전	102
광적면	대	120
광적면	임야	29
광적면	전	58
남면	답	44
남면	대	71
남면	임야	30
남면	전	36
남방동	답	102
남방동	대	168
남방동	임야	65
남방동	전	113
덕계동	답	151
덕계동	대	258
덕계동	임야	84
덕계동	전	182

지역	지목	평당가
덕정동	답	99
덕정동	대	257
덕정동	임야	98
덕정동	전	111
마전동	답	107
마전동	대	130
마전동	임야	26
마전동	전	130
만송동	답	96
만송동	대	120
만송동	임야	63
만송동	전	123
백석읍	답	57
백석읍	대	111
백석읍	임야	52
백석읍	전	102
봉양동	답	40
봉양동	대	114
봉양동	임야	36
봉양동	전	55
산북동	답	86
산북동	대	91
산북동	임야	30
산북동	전	112
삼숭동	답	123
삼숭동	대	154
삼숭동	임야	92
삼숭동	전	142
어둔동	답	63
어둔동	대	78
어둔동	임야	7
어둔동	전	87
옥정동	답	61
옥정동	대	105
옥정동	임야	74
옥정동	전	82
유양동	답	139
유양동	대	162
유양동	임야	14
유양동	전	95
율정동	답	95
율정동	대	106
율정동	임야	66
율정동	전	63
은현면	답	56
은현면	대	89
은현면	임야	23
은현면	전	54
장흥면	답	73
장흥면	대	154
장흥면	임야	48
장흥면	전	105
회암동	답	205
회암동	대	85
회암동	임야	29
회암동	전	80
회정동	답	124
회정동	대	354
회정동	임야	277
회정동	전	263

오산시

지역	지목	평당가
가수동	답	94
가수동	대	344
가장동	답	60
가장동	대	120
가장동	임야	62
가장동	전	85
갈곶동	답	140
갈곶동	대	243
갈곶동	임야	73
갈곶동	전	186
고현동	대	155
궐동	대	469
궐동	임야	65
궐동	전	71
금암동	답	78
금암동	임야	55
내삼미동	답	123
내삼미동	대	262
내삼미동	임야	63
내삼미동	전	154
누읍동	답	108
누읍동	대	250
두곡동	답	55
두곡동	대	100
두곡동	임야	32
두곡동	전	100
벌음동	답	60
벌음동	전	104
부산동	답	223
부산동	대	171
부산동	임야	66
부산동	전	85
서동	답	89
서동	대	105
서동	임야	55
서동	전	100
서랑동	답	100
서랑동	대	90
서랑동	임야	45
서랑동	전	75
세교동	답	159
세교동	대	213
세교동	임야	71
세교동	전	178
수청동	대	480
양산동	답	144
양산동	대	388
양산동	임야	110
양산동	전	439
오산동	답	184
오산동	임야	100
오산동	전	276

지역	지목	평당가	지역	지목	평당가	지역	지목	평당가
외삼미동	답	113	남동	임야	56	양지면	임야	38
외삼미동	대	199	남동	전	231	양지면	전	55
외삼미동	임야	314	남사면	답	647	역북동	답	180
외삼미동	전	224	남사면	대	110	역북동	임야	93
원동	답	141	남사면	임야	30	역북동	전	329
원동	대	684	남사면	전	58	운학동	답	39
원동	전	133	동천동	답	264	운학동	대	75
은계동	대	183	동천동	대	531	운학동	임야	8
지곶동	답	115	동천동	임야	152	운학동	전	55
지곶동	대	174	동천동	전	330	원삼면	답	28
지곶동	임야	31	마평동	답	114	원삼면	대	87
지곶동	전	96	마평동	대	290	원삼면	임야	139
청학동	답	229	마평동	임야	31	원삼면	전	43
청학동	대	353	마평동	전	189	유방동	답	103
청학동	임야	75	모현면	답	105	유방동	대	169
청호동	답	50	모현면	대	228	유방동	임야	35
청호동	대	121	모현면	임야	44	유방동	전	87
탑동	답	75	모현면	전	116	이동면	답	67
용인시			백암면	답	32	이동면	대	105
			백암면	대	153	이동면	임야	22
고기동	답	242	백암면	임야	30	이동면	전	114
고기동	대	266	백암면	전	205	죽전동	답	675
고기동	임야	152	삼가동	답	308	죽전동	임야	233
고기동	전	243	삼가동	대	529	죽전동	전	388
고림동	답	105	삼가동	임야	235	포곡면	답	88
고림동	대	197	삼가동	전	330	포곡면	대	166
고림동	임야	58	상현동	답	309	포곡면	임야	35
고림동	전	118	상현동	대	598	포곡면	전	112
구성읍	답	267	상현동	임야	255	풍덕천동	답	305
구성읍	임야	153	성복동	답	249	풍덕천동	임야	356
구성읍	전	328	성복동	대	559	풍덕천동	전	725
기흥읍	답	182	성복동	임야	105	해곡동	답	53
기흥읍	임야	133	성복동	전	228	해곡동	대	925
기흥읍	전	200	신봉동	답	158	해곡동	임야	9
김량장동	답	160	신봉동	대	373	해곡동	전	21
김량장동	임야	162	신봉동	임야	89	호동	답	49
남동	답	145	신봉동	전	313	호동	대	80
남동	대	246	양지면	대	105	호동	임야	11

지역	지목	평당가
호동	전	38

의왕시

지역	지목	평당가
고천동	답	183
고천동	대	414
고천동	임야	26
고천동	전	102
내손1동	대	547
내손1동	임야	200
내손2동	답	150
내손2동	대	305
내손2동	임야	130
내손동	답	192
내손동	대	530
내손동	임야	63
내손동	전	303
부곡동	대	271
부곡동	전	63
삼동	답	91
삼동	대	375
삼동	임야	34
삼동	전	133
오전동	답	295
오전동	대	585
오전동	임야	32
오전동	전	100
왕곡동	답	69
왕곡동	대	562
왕곡동	임야	10
왕곡동	전	102
월암동	답	58
월암동	대	334
월암동	임야	60
월암동	전	118
이동	답	88
이동	대	212
이동	임야	51
이동	전	90
청계동	답	132
청계동	대	348
청계동	임야	35
청계동	전	179
초평동	답	72
초평동	대	187
초평동	임야	53
초평동	전	116
포일동	답	99
포일동	대	356
포일동	임야	70
포일동	전	245
학의동	답	132
학의동	대	306
학의동	임야	106
학의동	전	193

의정부시

지역	지목	평당가
가능1동	답	253
가능1동	대	306
가능1동	임야	4
가능1동	전	167
가능2동	대	545
가능3동	대	376
가능동	답	252
가능동	대	502
가능동	임야	3
가능동	전	174
고산동	답	59
고산동	대	208
고산동	임야	25
고산동	전	74
금오동	답	119
금오동	대	559
금오동	임야	40
금오동	전	230
낙양동	답	64
낙양동	대	273
낙양동	임야	37
낙양동	전	94
녹양동	답	176
녹양동	대	377
녹양동	임야	109
녹양동	전	170
민락동	답	101
민락동	대	436
민락동	임야	18
산곡동	답	60
산곡동	대	121
산곡동	임야	17
산곡동	전	93
송산동	대	507
송산동	임야	43
송산동	전	80
신곡1동	답	55
신곡1동	대	415
신곡1동	임야	45
신곡1동	전	105
신곡2동	대	682
신곡동	답	233
신곡동	대	493
신곡동	임야	119
신곡동	전	260
용현동	답	193
용현동	대	422
용현동	임야	155
용현동	전	179
의정부1동	전	800
의정부2동	대	931
의정부2동	전	800
의정부3동	대	917
의정부동	임야	6
의정부동	전	194
자일동	답	80
자일동	대	144
자일동	임야	31

지역	지목	평당가
자일동	전	85
장암동	답	100
장암동	대	364
장암동	임야	116
장암동	전	278
호원동	답	180
호원동	임야	68
호원동	전	385

이천시

지역	지목	평당가
갈산동	답	66
갈산동	대	153
갈산동	임야	101
갈산동	전	86
고담동	답	28
고담동	대	99
고담동	임야	20
고담동	전	40
관고동	답	20
관고동	대	272
관고동	임야	54
관고동	전	91
단월동	답	50
단월동	대	68
단월동	임야	12
단월동	전	23
대월면	답	37
대월면	대	56
대월면	임야	29
대월면	전	25
대포동	답	4
대포동	대	44
대포동	임야	18
대포동	전	25
마장면	답	55
마장면	대	85
마장면	임야	22
마장면	전	50
모가면	답	18
모가면	대	37
모가면	임야	12
모가면	전	26
백사면	답	17
백사면	대	65
백사면	임야	34
백사면	전	44
부발읍	답	36
부발읍	대	128
부발읍	임야	44
부발읍	전	57
사음동	답	101
사음동	대	119
사음동	임야	23
사음동	전	51
설성면	답	27
설성면	대	44
설성면	전	18
송정동	답	92
송정동	대	119
송정동	임야	70
송정동	전	97
신둔면	답	43
신둔면	대	73
신둔면	임야	36
신둔면	전	423
안흥동	답	150
안흥동	대	280
율면	답	18
율면	대	29
율면	임야	14
율면	전	12
율현동	답	71
율현동	임야	49
율현동	전	87
장록동	답	13
장록동	전	43
장호원읍	답	38
장호원읍	대	111
장호원읍	임야	14
장호원읍	전	26
중리동	답	140
중리동	대	371
중리동	임야	143
중리동	전	146
증일동	답	76
증일동	대	96
증일동	임야	98
증일동	전	125
증포동	답	63
증포동	대	113
증포동	임야	152
증포동	전	103
진리동	답	43
진리동	대	277
진리동	전	58
창전동	대	614
창전동	전	152
호법면	답	45
호법면	대	65
호법면	임야	20
호법면	전	29

파주시

지역	지목	평당가
검산동	답	78
검산동	대	137
검산동	임야	82
검산동	전	579
광탄면	답	53
광탄면	대	98
광탄면	임야	27
광탄면	전	52
교하읍	답	120
교하읍	대	308
교하읍	임야	151

지역	지목	평당가
교하읍	전	166
군내면	답	8
군내면	대	33
군내면	임야	8
군내면	전	9
금능동	답	193
금능동	대	523
금능동	전	50
금촌1동	답	17
금촌1동	대	329
금촌2동	대	703
금촌동	답	305
금촌동	임야	162
금촌동	전	221
맥금동	답	47
맥금동	대	126
맥금동	임야	55
맥금동	전	72
문산읍	답	541
문산읍	대	126
문산읍	임야	85
문산읍	전	67
법원읍	답	39
법원읍	대	94
법원읍	임야	18
법원읍	전	43
아동동	답	145
아동동	대	339
아동동	임야	91
아동동	전	167
야동동	대	169
야동동	임야	90
야동동	전	83
월롱면	답	66
월롱면	대	143
월롱면	임야	123
월롱면	전	108
장단면	답	4

지역	지목	평당가
장단면	대	30
장단면	임야	5
장단면	전	6
적성면	답	24
적성면	대	150
적성면	임야	47
적성면	전	36
조리읍	답	359
조리읍	대	144
조리읍	임야	62
조리읍	전	87
진동면	답	6
진동면	대	8
진동면	임야	4
진동면	전	11
탄현면	답	71
탄현면	대	177
탄현면	임야	65
탄현면	전	119
파주읍	답	51
파주읍	대	191
파주읍	임야	195
파주읍	전	73
파평면	답	34
파평면	대	72
파평면	임야	24
파평면	전	35

평택시

지역	지목	평당가
가재동	답	46
가재동	대	105
가재동	임야	230
가재동	전	84
고덕면	답	31
고덕면	대	103
고덕면	임야	64
고덕면	전	88
군문동	대	230
도일동	답	69
도일동	대	72
도일동	임야	38
도일동	전	48
독곡동	답	73
독곡동	대	340
독곡동	임야	47
독곡동	전	82
동삭동	답	171
동삭동	대	169
동삭동	임야	60
동삭동	전	104
모곡동	답	56
모곡동	대	153
모곡동	임야	77
모곡동	전	52
비전1동	답	85
비전1동	대	200
비전2동	대	624
비전동	답	116
비전동	대	349
비전동	전	131
서정동	답	75
서정동	대	365
서정동	임야	92
서정동	전	115
서탄면	답	38
서탄면	대	50
서탄면	임야	48
서탄면	전	50
세교동	답	100
세교동	대	309
세교동	임야	65
세교동	전	149
소사동	답	17
소사동	대	89
소사동	전	82
신대동	답	165

지역	지목	평당가
신대동	대	193
신대동	임야	30
신대동	전	40
신장1동	답	25
신장1동	대	372
신장2동	대	407
신장동	답	79
신장동	대	464
신장동	임야	95
안중읍	답	47
안중읍	대	881
안중읍	임야	58
안중읍	전	86
오성면	답	46
오성면	대	42
오성면	임야	27
오성면	전	47
용이동	답	155
용이동	대	146
용이동	임야	79
용이동	전	137
월곡동	답	57
월곡동	임야	12
월곡동	전	18
유천동	답	18
유천동	전	25
이충동	답	148
이충동	대	592
이충동	임야	83
이충동	전	106
장당동	답	263
장당동	대	244
장당동	임야	133
장당동	전	215
장안동	답	55
장안동	대	84
장안동	임야	46
장안동	전	87
죽백동	답	58
죽백동	대	271
죽백동	임야	55
죽백동	전	65
지산동	답	47
지산동	대	395
지산동	임야	37
지산동	전	44
지제동	답	97
지제동	대	113
지제동	임야	84
지제동	전	132
진위면	답	47
진위면	대	93
진위면	임야	36
진위면	전	83
청룡동	답	54
청룡동	임야	56
청룡동	전	64
청북면	답	31
청북면	대	174
청북면	임야	35
청북면	전	49
칠괴동	답	48
칠괴동	임야	49
칠원동	답	50
칠원동	대	133
칠원동	임야	64
칠원동	전	100
통복동	답	185
통복동	대	215
팽성읍	답	58
팽성읍	대	278
팽성읍	임야	93
팽성읍	전	103
평택동	답	30
평택동	대	562
포승면	답	79
포승면	대	286
포승면	임야	237
포승면	전	80
합정동	답	125
합정동	대	442
합정동	전	178
현덕면	답	748
현덕면	대	83
현덕면	임야	50
현덕면	전	44

포천시

지역	지목	평당가
가산면	답	45
가산면	대	77
가산면	임야	30
가산면	전	33
관인면	답	8
관인면	대	16
관인면	임야	5
관인면	전	11
군내면	답	65
군내면	대	83
군내면	임야	33
군내면	전	64
내촌면	답	46
내촌면	대	97
내촌면	임야	12
내촌면	전	55
동교동	답	58
동교동	대	44
동교동	전	60
선단동	답	20
선단동	대	139
선단동	전	125
설운동	답	37
설운동	대	176
설운동	임야	26
설운동	전	62

지역	지목	평당가	지역	지목	평당가	지역	지목	평당가
소흘읍	답	88	화현면	대	78	배알미동	임야	11
소흘읍	대	274	화현면	임야	14	배알미동	전	119
소흘읍	임야	71	화현면	전	39	상사창동	답	69
소흘읍	전	116	**하남시**			상사창동	대	234
신북면	답	55				상사창동	임야	43
신북면	대	69	감북동	답	192	상사창동	전	120
신북면	임야	55	감북동	대	399	상산곡동	답	65
신북면	전	25	감북동	임야	131	상산곡동	대	286
신읍동	답	36	감북동	전	154	상산곡동	임야	25
신읍동	대	382	감이동	답	137	상산곡동	전	114
신읍동	임야	35	감이동	대	368	선동	답	76
신읍동	전	67	감이동	임야	99	선동	대	259
어룡동	답	25	감이동	전	174	선동	전	186
어룡동	대	118	감일동	답	191	신장1동	대	550
어룡동	전	55	감일동	대	499	신장2동	답	120
영북면	답	13	감일동	임야	150	신장동	답	162
영북면	대	61	감일동	전	242	신장동	임야	214
영북면	임야	8	광암동	답	155	신장동	전	236
영북면	전	21	광암동	대	323	창우동	답	107
영중면	답	21	광암동	임야	106	창우동	대	430
영중면	대	58	광암동	전	200	창우동	임야	150
영중면	임야	7	교산동	답	169	창우동	전	171
영중면	전	35	교산동	대	247	천현동	답	98
이동면	답	20	교산동	임야	17	천현동	대	389
이동면	대	78	교산동	전	205	천현동	임야	25
이동면	임야	6	덕풍1동	대	222	천현동	전	172
이동면	전	23	덕풍3동	대	165	초이동	답	153
일동면	답	20	덕풍3동	전	303	초이동	대	475
일동면	대	103	덕풍동	답	242	초이동	임야	141
일동면	임야	17	덕풍동	임야	69	초이동	전	237
일동면	전	30	덕풍동	전	185	초일동	답	123
자작동	임야	17	망월동	답	127	초일동	대	323
자작동	전	78	망월동	대	356	초일동	전	180
창수면	답	17	망월동	전	145	춘궁동	답	211
창수면	대	25	미사동	대	352	춘궁동	대	337
창수면	임야	6	미사동	임야	102	춘궁동	임야	32
창수면	전	35	미사동	전	129	춘궁동	전	173
화현면	답	12	배알미동	대	123	풍산동	답	94

지역	지목	평당가
풍산동	대	387
풍산동	임야	140
풍산동	전	144
하사창동	답	121
하사창동	대	184
하사창동	임야	16
하사창동	전	133
하산곡동	답	99
하산곡동	대	260
하산곡동	임야	11
하산곡동	전	181
학암동	임야	40
항동	답	105
항동	대	214
항동	임야	29
항동	전	56

화성시

지역	지목	평당가
남양동	답	156
남양동	대	294
남양동	임야	61
남양동	전	124
동탄면	답	114
동탄면	대	735
동탄면	임야	76
동탄면	전	152
마도면	답	33
마도면	대	56
마도면	임야	40
마도면	전	48
매송면	답	28
매송면	대	140
매송면	임야	14
매송면	전	51
무송동	답	121
무송동	임야	65
무송동	전	58
문호동	답	12
문호동	대	60
문호동	임야	12
문호동	전	15
봉담읍	답	87
봉담읍	대	181
봉담읍	임야	53
봉담읍	전	102
북양동	답	44
북양동	대	76
북양동	임야	41
북양동	전	94
비봉면	답	32
비봉면	대	92
비봉면	임야	40
비봉면	전	68
서신면	답	31
서신면	대	113
서신면	임야	39
서신면	전	448
송림동	답	42
송림동	대	220
송림동	임야	40
송림동	전	444
송산면	답	69
송산면	대	62
송산면	임야	48
송산면	전	49
수화동	답	13
수화동	대	120
수화동	임야	11
수화동	전	28
시동	답	12
시동	대	38
시동	임야	20
시동	전	16
신남동	대	70
신남동	임야	48
신남동	전	84
신외동	답	23
신외동	대	65
신외동	임야	34
신외동	전	53
안석동	답	18
안석동	대	161
안석동	임야	66
안석동	전	41
양감면	답	35
양감면	대	68
양감면	임야	28
양감면	전	39
온석동	답	20
온석동	임야	44
온석동	전	15
우정면	답	33
우정면	대	62
우정면	임야	31
우정면	전	38
원천동	답	14
원천동	임야	31
장덕동	답	40
장덕동	대	151
장덕동	임야	46
장덕동	전	34
장안면	답	45
장안면	대	111
장안면	임야	79
장안면	전	40
장전동	답	14
장전동	대	84
장전동	임야	11
장전동	전	24
정남면	답	52
정남면	대	112
정남면	임야	54
정남면	전	95
태안읍	답	359

지역	지목	평당가
태안읍	대	532
태안읍	임야	137
태안읍	전	230
팔탄면	답	55
팔탄면	대	121
팔탄면	임야	65
팔탄면	전	80
향남면	답	55
향남면	대	152
향남면	임야	47
향남면	전	69
활초동	답	23
활초동	대	68
활초동	임야	48

가평군

지역	지목	평당가
가평읍	답	39
가평읍	대	87
가평읍	임야	14
가평읍	전	42
북면	답	19
북면	대	39
북면	임야	9
북면	전	32
상면	답	32
상면	대	60
상면	임야	29
상면	전	28
설악면	답	27
설악면	대	82
설악면	임야	20
설악면	전	35
외서면	답	68
외서면	대	116
외서면	임야	25
외서면	전	82
하면	답	24
하면	대	46
하면	임야	10
하면	전	26

양평군

지역	지목	평당가
강상면	답	47
강상면	대	69
강상면	임야	37
강상면	전	46
강하면	답	35
강하면	대	293
강하면	임야	41
강하면	전	48
개군면	답	23
개군면	대	61
개군면	임야	15
개군면	전	30
단월면	답	16
단월면	대	41
단월면	임야	70
단월면	전	21
서종면	답	42
서종면	대	88
서종면	임야	49
양동면	답	18
양동면	대	36
양동면	임야	10
양동면	전	23
양서면	답	39
양서면	대	126
양서면	임야	33
양서면	전	54
양평읍	답	41
양평읍	대	110
양평읍	임야	39
양평읍	전	84
옥천면	답	36
옥천면	대	63
옥천면	임야	22
옥천면	전	47
용문면	답	28
용문면	대	58
용문면	임야	25
용문면	전	34
지제면	답	15
지제면	대	35
지제면	임야	12
지제면	전	19
청운면	답	18
청운면	대	26
청운면	임야	14
청운면	전	19

여주군

지역	지목	평당가
가남면	답	34
가남면	대	68
가남면	임야	15
가남면	전	840
강천면	답	15
강천면	대	49
강천면	임야	10
강천면	전	30
금사면	답	25
금사면	대	52
금사면	임야	99
금사면	전	26
능서면	답	21
능서면	대	38
능서면	임야	19
능서면	전	290
대신면	답	22
대신면	대	41
대신면	임야	9
대신면	전	19
북내면	답	29
북내면	대	54
북내면	임야	15

지역	지목	평당가
북내면	전	15
산북면	답	24
산북면	대	52
산북면	임야	17
산북면	전	31
여주읍	답	695
여주읍	대	122
여주읍	임야	37
여주읍	전	53
점동면	답	33
점동면	대	38
점동면	임야	7
점동면	전	21
흥천면	답	13
흥천면	대	39
흥천면	임야	13
흥천면	전	21

연천군

지역	지목	평당가
군남면	답	15
군남면	대	52
군남면	임야	7
군남면	전	26
미산면	답	16
미산면	대	38
미산면	임야	13
미산면	전	22
백학면	답	16
백학면	대	46
백학면	임야	13
백학면	전	27
신서면	답	9
신서면	임야	4
신서면	전	20
연천읍	답	28
연천읍	대	88
연천읍	임야	7
연천읍	전	24
왕징면	답	7
왕징면	대	26
왕징면	임야	15
왕징면	전	17
장남면	답	10
장남면	대	27
장남면	임야	13
장남면	전	23
전곡읍	답	26
전곡읍	대	119
전곡읍	임야	17
전곡읍	전	31
중면	답	5
중면	임야	15
중면	전	4
청산면	답	18
청산면	대	39
청산면	임야	12
청산면	전	18

경상남도

지역	지목	평당가
거제시		
거제면	답	22
거제면	임야	19
남부면	답	19
남부면	대	98
남부면	임야	12
남부면	전	76
동부면	답	27
동부면	대	33
동부면	임야	7
동부면	전	196
둔덕면	임야	2
둔덕면	전	5
마전동	임야	6
사등면	답	60
사등면	대	67
사등면	임야	6
사등면	전	34
신현읍	답	144
신현읍	대	284
신현읍	임야	13
신현읍	전	38
아주동	답	9
아주동	대	125
아주동	임야	8
연초면	답	25
연초면	임야	3
연초면	전	15
옥포동	대	440
일운면	답	51
일운면	대	103
일운면	임야	9
일운면	전	41
장목면	답	39
장목면	대	105
장목면	임야	10
장목면	전	38
하청면	답	29
하청면	임야	4
하청면	전	23
김해시		
강동	답	22
강동	전	105
구산동	대	323
내동	대	371
내외동	대	419
대동면	답	35
대동면	대	143
대동면	임야	5
대동면	전	40
대성동	대	229
명법동	답	38
봉황동	대	312
부원동	답	204
부원동	대	699
불암동	답	28
삼계동	답	100
삼계동	대	324
삼방동	답	100
삼방동	대	819
삼방동	임야	5
삼방동	전	164
삼정동	답	12
삼정동	대	238
삼정동	전	17
상동면	답	29
상동면	대	59
상동면	임야	19
상동면	전	31
생림면	답	30
생림면	대	74
생림면	임야	13
생림면	전	25
안동	대	210
어방동	대	256
외동	대	171
외동	전	33
이동	대	81
이동	임야	33
장유면	답	51
장유면	대	279
장유면	임야	8
장유면	전	44
전하동	답	22
전하동	대	192
주촌면	답	60
주촌면	대	140
주촌면	임야	29
주촌면	전	100
지내동	답	270
지내동	대	126
지내동	전	41
진례면	답	31
진례면	대	83
진례면	임야	19
진례면	전	39
진영읍	답	43
진영읍	대	193
진영읍	임야	13
진영읍	전	47
칠산서부동	대	122
풍류동	답	62
풍류동	임야	21

지역	지목	평당가
한림면	답	28
한림면	임야	10
한림면	전	30
화목동	답	15
화목동	대	94
화목동	전	42
흥동	답	16
흥동	대	102

마산시

지역	지목	평당가
가포동	임야	35
가포동	전	50
구산면	대	24
구산면	임야	13
구산면	전	49
구암2동	임야	30
내서읍	대	122
내서읍	임야	2
내서읍	전	54
덕동	전	25
두척동	답	46
오동동	대	543
자산동	임야	150
진동면	대	81
진동면	임야	4
진북면	전	16
진전면	답	163
진전면	임야	1
합성동	대	287
합성동	임야	9

밀양시

지역	지목	평당가
가곡동	답	9
가곡동	대	311
가곡동	전	25
교동	답	40
교동	대	78
교동	전	10
내이동	대	213
단장면	답	24
단장면	대	27
단장면	임야	4
단장면	전	15
무안면	답	11
무안면	대	34
무안면	임야	2
무안면	전	15
부북면	답	17
부북면	대	34
부북면	임야	3
부북면	전	17
산내면	답	18
산내면	대	29
산내면	임야	8
산내면	전	20
산외면	답	12
산외면	대	35
산외면	임야	7
산외면	전	30
삼랑진읍	답	30
삼랑진읍	대	89
삼랑진읍	임야	16
삼랑진읍	전	29
상남면	답	17
상남면	대	40
상남면	임야	1
상남면	전	11
상동면	답	21
상동면	전	21
용평동	대	65
청도면	대	14
청도면	임야	1
초동면	답	35
초동면	대	24
초동면	임야	8
초동면	전	35
하남읍	답	16
하남읍	대	145
하남읍	전	14
활성동	전	19

사천시

지역	지목	평당가
곤명면	임야	1
곤양면	임야	11
곤양면	전	100
동금동	대	220
백천동	임야	3
벌리동	대	100
사남면	임야	35
사남면	전	8
사천읍	대	124
사천읍	임야	1
서동	전	75
서포면	전	6
신벽동	임야	3
실안동	전	10
용현면	대	27
용현면	전	15
정동면	답	1
정동면	임야	1
죽림동	임야	22
죽림동	전	40
축동면	답	24
축동면	임야	3
축동면	전	9

양산시

지역	지목	평당가
교동	대	104
남부동	대	372
남부동	전	233
다방동	대	250
다방동	임야	40
동면	답	67
동면	대	309
동면	임야	10
동면	전	135
명곡동	답	62

지역	지목	평당가
명곡동	대	55
물금읍	답	276
물금읍	대	317
물금읍	임야	30
물금읍	전	176
북부동	대	327
북부동	임야	32
북부동	전	39
북정동	대	172
산막동	대	67
산막동	전	150
상북면	답	73
상북면	대	98
상북면	임야	17
상북면	전	59
신기동	답	327
신기동	대	45
신기동	임야	11
어곡동	답	49
어곡동	대	70
어곡동	임야	24
어곡동	전	35
웅상읍	답	77
웅상읍	대	175
웅상읍	임야	17
웅상읍	전	53
원동면	답	29
원동면	대	36
원동면	임야	13
원동면	전	24
유산동	임야	29
중부동	답	38
중부동	대	623
중부동	전	44
하북면	답	38
하북면	대	129
하북면	임야	14
하북면	전	45
호계동	답	40
호계동	임야	10
호계동	전	53

진주시

지역	지목	평당가
가좌동	답	250
금산면	답	31
금산면	대	85
금산면	전	20
나동면	전	59
대평면	임야	1
동성동	대	150
명석면	전	30
문산읍	대	100
봉곡동	대	450
상평동	대	71
수곡면	답	25
수정동	전	35
일반성면	임야	5
일반성면	전	3
주약동	대	42
주약동	임야	3
주약동	전	3
지수면	대	7
지수면	전	5
진성면	전	7
판문동	전	14

진해시

지역	지목	평당가
가주동	답	25
가주동	대	204
남문동	답	66
남문동	대	6
남문동	전	23
남양동	답	55
대장동	답	32
동상동	답	14
두동	답	70
두동	대	121
두동	임야	20
마천동	대	82
명동	답	15
명동	대	130
북부동	답	61
북부동	대	71
북부동	임야	3
서중동	답	12
서중동	전	29
석동	대	214
성내동	답	20
성내동	대	75
성내동	전	45
소사동	답	22
안골동	대	307
안골동	임야	30
안골동	전	41
연도동	임야	8
용원동	대	335
용원동	임야	29
원포동	대	83
원포동	임야	3
원포동	전	67
이동	대	150
자은동	전	340
제덕동	답	40
죽곡동	답	17
죽곡동	대	38
죽곡동	임야	1
청안동	답	134
청안동	대	160
청안동	임야	18
풍호동	대	400

창원시

지역	지목	평당가
남지동	대	50
대산면	대	68
대산면	전	29
도계동	대	3
동읍	답	60

지역	지목	평당가
동읍	대	3
동읍	임야	10
동읍	전	29
동정동	전	40
반송동	전	25
북면	답	49
북면	임야	10
북면	전	48
불모산동	전	70
사림동	대	123
소계동	전	20
안민동	임야	30
양곡동	전	24
용호동	대	324
중앙동	대	316
팔용동	대	497

통영시

지역	지목	평당가
광도면	대	267
광도면	임야	3
광도면	전	25
도남2동	답	350
도남동	대	23
도산면	대	40
동호동	대	600
미수동	전	11
봉평동	대	118
북신동	임야	17
북신동	전	75
사량면	임야	7
산양읍	임야	2
용남면	답	39
용남면	대	45
용남면	전	48
정량동	대	195
중앙동	임야	30
평림동	임야	1

거창군

지역	지목	평당가
가북면	답	10
가조면	대	75
가조면	임야	4
가조면	전	4
거창읍	대	152
고제면	대	70
남상면	임야	3
남하면	임야	3
마리면	임야	2
북상면	답	7
북상면	대	40
북상면	전	10
웅양면	임야	1
위천면	임야	1

고성군

지역	지목	평당가
개천면	임야	1
거류면	임야	1
고성읍	답	147
고성읍	대	83
고성읍	전	25
구만면	대	8
구만면	임야	10
대가면	대	22
대가면	임야	2
동해면	대	18
동해면	임야	12
마암면	답	6
삼산면	답	6
삼산면	임야	6
상리면	임야	2
하일면	임야	2
회화면	대	186
회화면	전	16

남해군

지역	지목	평당가
고현면	임야	2
남면	대	48
남면	임야	2
남면	전	14
남해읍	대	218
남해읍	임야	8
남해읍	전	24
미조면	답	25
미조면	대	28
미조면	임야	4
미조면	전	23
삼동면	답	21
삼동면	대	43
삼동면	임야	6
삼동면	전	18
상주면	대	150
상주면	전	28
서면	임야	3
서면	전	13
설천면	임야	8
설천면	전	10
이동면	답	47
이동면	임야	1
이동면	전	12
창선면	답	10
창선면	대	32
창선면	임야	3
창선면	전	43

산청군

지역	지목	평당가
금서면	임야	7
단성면	답	6
단성면	대	18
단성면	임야	11
산청읍	답	22
산청읍	임야	8
삼장면	답	17
삼장면	전	5
생초면	임야	1
생초면	전	30
시천면	답	45
시천면	대	60

지역	지목	평당가
시천면	임야	3
시천면	전	12
신등면	임야	1
신안면	임야	3

의령군

지역	지목	평당가
가례면	임야	1
궁류면	임야	1
대의면	임야	4
대의면	전	2
봉수면	전	7
부림면	대	12
부림면	임야	1
유곡면	임야	1
의령읍	임야	1
의령읍	전	67
정곡면	답	7
지정면	임야	2
칠곡면	전	8

창녕군

지역	지목	평당가
계성면	전	8
고암면	대	29
남지읍	임야	1
남지읍	전	15
대지면	전	60
대합면	임야	6
대합면	전	12
도천면	대	75
도천면	전	65
부곡면	답	16
부곡면	대	63
부곡면	임야	3
부곡면	전	5
성산면	답	8
성산면	대	17
성산면	임야	8
영산면	답	15
유어면	전	3
이방면	임야	1
창녕읍	답	30
창녕읍	대	64
창녕읍	전	4

하동군

지역	지목	평당가
고전면	답	5
고전면	대	12
고전면	임야	14
고전면	전	19
금남면	대	151
금남면	임야	20
금남면	전	11
금성면	답	13
금성면	임야	6
북천면	임야	1
옥종면	답	12
옥종면	임야	61
진교면	답	2
진교면	임야	2
청암면	답	15
청암면	대	66
청암면	임야	10
청암면	전	15
하동읍	대	149
하동읍	임야	10
하동읍	전	28
화개면	답	32
화개면	대	66
화개면	임야	4

함안군

지역	지목	평당가
가야읍	대	109
가야읍	전	13
군북면	대	30
군북면	임야	1
대산면	대	10
대산면	임야	28
대산면	전	6
법수면	전	11
산인면	답	30
칠북면	전	25
칠서면	대	26
칠서면	임야	14
칠원면	답	15
칠원면	대	50
함안면	임야	1

함양군

지역	지목	평당가
마천면	대	287
마천면	임야	13
마천면	전	89
백전면	임야	1
병곡면	임야	3
안의면	임야	1
안의면	전	5
유림면	임야	1
함양읍	답	5
함양읍	임야	4
휴천면	전	11

합천군

지역	지목	평당가
가야면	전	6
가회면	임야	1
대병면	대	66
대병면	전	10
덕곡면	대	20
덕곡면	임야	1
덕곡면	전	13
묘산면	임야	1
봉산면	임야	4
봉산면	전	15
삼가면	임야	1
쌍백면	임야	25
쌍책면	대	14
쌍책면	임야	1
쌍책면	전	23
야로면	임야	1

지역	지목	평당가	지역	지목	평당가	지역	지목	평당가
야로면	전	7	율곡면	임야	1	합천읍	답	89
용주면	임야	1	율곡면	전	9	합천읍	임야	3
용주면	전	5	청덕면	임야	1	합천읍	전	5
율곡면	대	15	초계면	임야	2			

경상북도

지역	지목	평당가
경산시		
갑제동	답	25
갑제동	전	38
계양동	대	203
계양동	전	135
남방동	답	28
남방동	전	34
남산면	답	26
남산면	대	69
남산면	임야	6
남산면	전	14
남천면	답	17
남천면	대	53
남천면	임야	12
남천면	전	18
내동	전	17
대동	대	100
대정동	답	47
대정동	전	59
대평동	답	123
대평동	대	362
대평동	전	245
백천동	답	180
백천동	대	325
백천동	전	115
사동	대	302
사정동	대	150
사정동	전	134
삼남동	대	198
삼북동	대	364
삼풍동	대	164
상방동	대	250
서상동	대	213
신천동	답	70
신천동	임야	40
압량면	답	22
압량면	대	228
압량면	임야	20
압량면	전	36
여천동	답	30
여천동	대	26
여천동	임야	16
여천동	전	16
옥곡동	대	318
옥산동	대	171
와촌면	답	34
와촌면	대	88
와촌면	임야	10
와촌면	전	24
용성면	답	15
용성면	대	24
용성면	임야	4
용성면	전	13
유곡동	답	19
유곡동	전	14
임당동	답	36
임당동	대	160
임당동	전	259
자인면	답	35
자인면	대	89
자인면	임야	33
자인면	전	31
점촌동	대	67
점촌동	임야	20
점촌동	전	35
정평동	대	210
정평동	전	110
조영동	전	27
중방동	답	110
중방동	대	240
진량읍	답	25
진량읍	대	101
진량읍	임야	8
진량읍	전	44
평산동	답	37
평산동	대	47
평산동	임야	135
평산동	전	55
하양읍	답	25
하양읍	대	99
하양읍	임야	15
하양읍	전	34
경주시		
감포읍	대	119
감포읍	임야	50
강동면	전	20
건천읍	답	5
건천읍	임야	8
건천읍	전	31
광명동	임야	15
구정동	대	90
구정동	임야	53
구정동	전	70
남산동	대	34
내남면	대	26
내남면	임야	11
내남면	전	24
노동동	대	530
도지동	전	30
동천동	임야	277
산내면	대	33
산내면	임야	1
산내면	전	9

지역	지목	평당가
서면	임야	2
석장동	답	91
신평동	임야	172
안강읍	대	30
양남면	답	32
양남면	임야	2
양남면	전	4
양북면	임야	2
양북면	전	4
외동읍	대	60
외동읍	임야	7
외동읍	전	32
천군동	임야	34
천북면	답	4
천북면	대	22
천북면	임야	8
천북면	전	28
하동	전	17
현곡면	임야	10
황오동	대	559

구미시

지역	지목	평당가
거의동	대	40
거의동	임야	15
고아읍	답	15
고아읍	대	87
고아읍	임야	72
고아읍	전	7
구평동	대	176
구포동	대	11
구포동	임야	36
남통동	답	118
도개면	임야	4
도개면	전	7
도량1동	대	153
도량2동	대	820
도량동	대	598
봉곡동	대	420
봉곡동	임야	26
부곡동	임야	16
사곡동	임야	15
산동면	답	58
산동면	임야	6
산동면	전	22
상모동	답	36
상모동	대	372
선산읍	답	10
선산읍	임야	4
신동	전	50
신평동	대	550
오태동	대	79
옥계동	대	381
옥성면	임야	1
원평1동	대	320
인의동	대	250
인의동	임야	15
임수동	대	200
임은동	대	150
장천면	답	12
장천면	대	40
장천면	임야	6
장천면	전	17
지산동	대	100
진평동	대	201
진평동	임야	42
진평동	전	90
해평면	답	14
해평면	임야	22
해평면	전	52
황상동	대	271

김천시

지역	지목	평당가
감문면	답	10
감문면	임야	1
감문면	전	4
감천면	답	7
감천면	대	30
감호동	대	199
개령면	전	6
교동	전	17
구성면	답	15
구성면	임야	3
구성면	전	10
남면	대	26
남면	전	40
남산동	대	75
남산동	임야	11
농소면	임야	17
다수동	답	17
다수동	임야	1
다수동	전	86
대광동	전	20
대항면	답	20
대항면	임야	1
대항면	전	32
덕곡동	임야	19
덕곡동	전	20
문당동	대	38
문당동	전	17
백옥동	대	33
봉산면	답	16
봉산면	대	3
봉산면	임야	11
봉산면	전	16
부곡동	답	20
부곡동	대	237
부곡동	임야	8
삼락동	답	65
삼락동	대	145
삼락동	전	290
신음동	답	458
아포읍	답	12
아포읍	대	79
아포읍	임야	18
아포읍	전	52
어모면	대	36
어모면	임야	1

지역	지목	평당가
어모면	전	21
조마면	답	4
증산면	임야	1
지례면	전	4
평화동	대	174

문경시

지역	지목	평당가
가은읍	답	17
가은읍	대	10
공평동	답	25
공평동	임야	1
공평동	전	10
농암면	전	1
동로면	답	6
동로면	대	20
동로면	전	3
마성면	임야	8
마성면	전	16
모전동	대	103
문경읍	답	13
문경읍	대	143
문경읍	임야	1
문경읍	전	7
불정동	임야	1
산북면	대	40
산북면	임야	1
산북면	전	3
산양면	답	1
산양면	대	21
산양면	전	8
영순면	답	27
영순면	임야	1
영순면	전	2
유곡동	답	20
유곡동	임야	2
유곡동	전	17
점촌동	대	251
호계면	임야	1
호계면	전	7

지역	지목	평당가
흥덕동	대	60

상주시

지역	지목	평당가
가장동	답	25
개운동	답	53
개운동	임야	1
계산동	대	65
공성면	임야	1
공성면	전	5
낙동면	임야	5
도남동	임야	7
모동면	임야	3
모동면	전	11
모서면	답	3
모서면	임야	1
사벌면	임야	20
사벌면	전	6
이안면	임야	1
인평동	임야	1
중동면	대	2
함창읍	대	4
헌신동	임야	21
화남면	답	8
화남면	임야	1
화남면	전	6
화동면	답	3
화북면	대	31
화북면	임야	18
화북면	전	16
화서면	임야	1

안동시

지역	지목	평당가
길안면	대	16
길안면	임야	1
길안면	전	5
남선면	임야	4
남선면	전	3
남후면	임야	1
녹전면	임야	1
녹전면	전	4
도산면	답	10
도산면	임야	7
도산면	전	15
서후면	임야	1
송천동	답	6
송천동	대	70
송현동	전	50
수상동	대	59
신안동	임야	25
안기동	대	90
예안면	임야	1
예안면	전	7
옥야동	대	180
옥야동	전	200
와룡면	임야	2
용상동	대	214
일직면	임야	1
임동면	대	57
임동면	임야	1
임동면	전	3
임하면	임야	1
임하면	전	3
정상동	임야	4
정하동	대	146
태화동	임야	28
풍산읍	대	130
풍산읍	전	6
풍천면	대	6
풍천면	임야	1

영주시

지역	지목	평당가
가흥동	대	80
가흥동	전	22
단산면	임야	1
단산면	전	9
문수면	전	11
문정동	임야	14
봉현면	대	26

지역	지목	평당가
봉현면	임야	2
봉현면	전	7
부석면	답	16
부석면	대	25
부석면	전	4
상망동	임야	55
상망동	전	7
순흥면	임야	3
순흥면	전	41
안정면	임야	14
안정면	전	4
이산면	전	4
장수면	답	10
장수면	임야	4
풍기읍	답	10
풍기읍	대	15
풍기읍	임야	7
풍기읍	전	14
하망동	임야	30
하망동	전	40
휴천동	임야	3

영천시

지역	지목	평당가
고경면	답	5
고경면	임야	2
고경면	전	9
금로동	답	10
금로동	대	190
금호읍	답	25
금호읍	대	62
금호읍	임야	6
금호읍	전	14
녹전동	전	20
대전동	전	10
대창면	답	13
대창면	임야	1
대창면	전	6
도남동	대	67
매산동	전	7
문내동	대	200
북안면	답	3
북안면	임야	3
북안면	전	3
서산동	대	25
서산동	임야	12
신녕면	답	50
신녕면	대	51
신녕면	임야	1
오미동	대	60
오미동	전	10
완산동	답	70
완산동	대	65
임고면	임야	8
임고면	전	13
자양면	전	2
청통면	답	12
청통면	대	163
청통면	임야	5
청통면	전	58
화남면	답	10
화남면	임야	2
화룡동	답	20
화북면	임야	1
화북면	전	4
화산면	답	3
화산면	전	3

포항시 남구

지역	지목	평당가
구룡포읍	답	12
구룡포읍	임야	3
구룡포읍	전	32
대보면	답	10
대보면	대	142
대잠동	대	533
동해면	대	60
동해면	임야	14
동해면	전	50
연일읍	대	34
오천읍	답	55
오천읍	대	232
오천읍	임야	1
오천읍	전	50
일월동	전	61
장기면	대	73
장기면	임야	1
청림동	대	100
청림동	전	70
효자동	대	157

포항시 북구

지역	지목	평당가
덕수동	대	370
송라면	답	27
신광면	대	20
신광면	전	4
용흥동	전	220
장성동	임야	23
죽도2동	대	259
죽도동	대	455
청하면	대	53
청하면	임야	4
흥해읍	답	17
흥해읍	대	39
흥해읍	임야	15
흥해읍	전	34

고령군

지역	지목	평당가
개진면	답	18
개진면	대	26
개진면	임야	3
고령읍	답	73
고령읍	대	152
고령읍	임야	20
고령읍	전	32
다산면	답	24
다산면	대	58
다산면	임야	11
다산면	전	23

지역	지목	평당가
덕곡면	답	11
성산면	답	33
성산면	대	61
성산면	임야	6
성산면	전	26
쌍림면	대	13
쌍림면	임야	1
쌍림면	전	10
우곡면	임야	2
우곡면	전	3
운수면	답	9
운수면	임야	2
운수면	전	11

군위군

지역	지목	평당가
고로면	답	4
고로면	임야	1
군위읍	답	25
군위읍	대	73
군위읍	임야	2
군위읍	전	25
부계면	답	21
부계면	대	46
부계면	임야	4
부계면	전	20
산성면	전	3
소보면	답	2
소보면	임야	1
소보면	전	5
우보면	전	7
의흥면	답	9
의흥면	임야	3
의흥면	전	4
효령면	대	28
효령면	임야	2
효령면	전	5

봉화군

지역	지목	평당가
명호면	대	42
물야면	답	7
물야면	임야	2
물야면	전	8
봉화읍	임야	1
상운면	임야	1
석포면	임야	2
석포면	전	6
소천면	답	5
재산면	임야	1
재산면	전	4
춘양면	답	1
춘양면	대	44
춘양면	임야	1
춘양면	전	11

성주군

지역	지목	평당가
가천면	답	17
가천면	임야	4
가천면	전	9
금수면	임야	3
금수면	전	5
대가면	답	7
대가면	대	4
대가면	임야	6
대가면	전	10
벽진면	답	3
벽진면	대	15
벽진면	임야	2
벽진면	전	6
선남면	답	19
선남면	대	31
선남면	임야	18
선남면	전	39
성주읍	답	18
성주읍	대	109
성주읍	임야	15
성주읍	전	25
수륜면	답	4
수륜면	대	24
수륜면	임야	13
수륜면	전	3
용암면	답	8
용암면	대	10
용암면	임야	11
용암면	전	12
월항면	대	10
월항면	임야	24
월항면	전	13
초전면	답	3
초전면	대	90
초전면	임야	7
초전면	전	5

영덕군

지역	지목	평당가
강구면	대	90
강구면	임야	2
강구면	전	30
남정면	대	150
병곡면	대	144
병곡면	전	22
영덕읍	대	50
영덕읍	임야	6
영해면	대	22
지품면	임야	3
창수면	답	7
창수면	임야	4

영양군

지역	지목	평당가
석보면	전	4
수비면	대	40
수비면	전	4
영양읍	대	401
영양읍	전	4
일월면	답	4
일월면	전	3
입암면	대	6
입암면	임야	1
입암면	전	2

지역	지목	평당가
청기면	임야	2
청기면	전	2

예천군

지역	지목	평당가
감천면	대	3
감천면	임야	2
감천면	전	9
개포면	답	1
개포면	임야	2
보문면	임야	1
예천읍	대	43
용문면	답	7
용문면	대	3
지보면	전	14
풍양면	답	44
풍양면	임야	2
풍양면	전	3
호명면	답	5
호명면	전	21

울릉군

지역	지목	평당가
울릉읍	대	689
울릉읍	임야	2
울릉읍	전	2

울진군

지역	지목	평당가
근남면	답	5
근남면	대	13
근남면	임야	4
근남면	전	50
기성면	대	48
기성면	임야	14
기성면	전	26
북면	대	15
북면	임야	1
북면	전	105
서면	임야	5
온정면	답	52
온정면	대	110
온정면	임야	73
온정면	전	10
울진읍	답	6
울진읍	대	52
울진읍	임야	2
원남면	임야	11
원남면	전	1
죽변면	대	350
죽변면	임야	15
죽변면	전	4
평해읍	대	152
평해읍	전	25
후포면	대	100
후포면	임야	3
후포면	전	50

의성군

지역	지목	평당가
구천면	전	2
금성면	임야	1
다인면	답	2
단밀면	전	3
단촌면	답	17
단촌면	대	50
단촌면	전	49
봉양면	대	46
봉양면	임야	1
봉양면	전	3
비안면	답	4
비안면	전	5
안계면	전	3
안평면	답	2
안평면	임야	1
옥산면	임야	1
의성읍	대	400
의성읍	임야	1
의성읍	전	24
점곡면	임야	1
춘산면	임야	1
춘산면	전	3

청도군

지역	지목	평당가
각남면	답	20
각남면	대	69
각남면	임야	2
각남면	전	30
각북면	답	21
각북면	대	22
각북면	임야	5
금천면	답	27
금천면	대	158
금천면	임야	4
금천면	전	12
매전면	대	116
매전면	임야	2
매전면	전	17
운문면	전	20
이서면	답	12
이서면	대	25
이서면	임야	5
이서면	전	16
청도읍	답	37
청도읍	대	3
청도읍	임야	2
청도읍	전	63
풍각면	답	35
풍각면	대	50
풍각면	전	31
화양읍	답	42
화양읍	대	44
화양읍	임야	11
화양읍	전	26

청송군

지역	지목	평당가
부남면	답	1
부남면	임야	77
부남면	전	6
부동면	임야	2
안덕면	답	24

지역	지목	평당가	지역	지목	평당가	지역	지목	평당가
안덕면	대	23	가산면	임야	13	석적면	임야	18
안덕면	임야	1	가산면	전	46	석적면	전	11
안덕면	전	2	기산면	답	13	약목면	대	130
진보면	답	22	기산면	임야	16	약목면	임야	1
진보면	임야	1	기산면	전	17	약목면	전	40
진보면	전	6	동명면	답	30	왜관읍	답	22
청송읍	대	60	동명면	대	43	왜관읍	대	100
청송읍	임야	4	동명면	임야	25	왜관읍	임야	11
청송읍	전	22	동명면	전	36	왜관읍	전	51
현동면	전	6	북삼면	답	27	지천면	답	22
현서면	전	3	북삼면	대	178	지천면	대	39
칠곡군			북삼면	임야	24	지천면	임야	4
			북삼면	전	18	지천면	전	22
가산면	대	43	석적면	대	145			

전라남도

지역	지목	평당가
광양시		
광양읍	답	19
광양읍	대	171
광양읍	임야	7
광영동	임야	10
다압면	임야	2
다압면	전	2
마동	대	44
마동	임야	38
봉강면	임야	3
봉강면	전	10
성황동	대	20
성황동	임야	6
옥곡면	대	31
옥곡면	임야	2
옥룡면	임야	1
진상면	임야	4
진월면	답	2
진월면	대	15
진월면	임야	3
태인동	대	70
태인동	전	40
황금동	전	10
황길동	임야	10
나주시		
공산면	전	7
남평읍	답	20
남평읍	전	8
노안면	답	4
노안면	임야	18
대호동	전	99
봉황면	답	8
봉황면	임야	4
산포면	대	10
삼도동	전	20
석현동	대	28
석현동	전	20
세지면	임야	160
안창동	답	11
영산동	대	40
왕곡면	답	7
용산동	전	15
이창동	대	80
죽림동	답	31
평산동	임야	6
목포시		
고하동	답	15
고하동	전	10
남교동	대	196
달동	임야	5
달동	전	7
대양동	답	13
대양동	대	80
대양동	임야	25
산정동	대	126
산정동	임야	250
산정동	전	181
상동	전	80
석현동	답	82
석현동	대	130
석현동	전	40
연산동	대	45
원산동	임야	120
율도동	전	9
죽교동	대	35
죽교동	전	21
중동	대	120
하당동	대	322
호남동	대	841
순천시		
가곡동	전	100
낙안면	임야	2
대룡동	임야	20
동외동	대	252
별량면	임야	1
상사면	전	40
서면	답	61
서면	대	80
서면	임야	1
서면	전	50
송광면	임야	1
승주읍	임야	4
승주읍	전	3
연향동	대	300
오천동	답	52
외서면	대	17
월등면	답	4
월등면	임야	1
인제동	대	294
인제동	임야	30
저전동	대	109
조곡동	대	200
조례동	임야	72
주암면	대	69
풍덕동	대	2
해룡면	답	15
해룡면	임야	49
해룡면	전	20
황전면	대	17
황전면	임야	1

지역	지목	평당가
여수시		
경호동	임야	15
남면	임야	8
남면	전	4
덕충동	대	300
덕충동	임야	11
덕충동	전	20
돌산읍	대	126
돌산읍	임야	9
돌산읍	전	8
묘도동	임야	3
미평동	대	320
봉계동	답	50
삼산면	전	3
소라면	대	22
소라면	임야	6
소라면	전	7
여서동	전	29
연등동	임야	1
연등동	전	2
오림동	대	202
율촌면	임야	7
율촌면	전	50
호명동	임야	6
화양면	답	12
화양면	대	31
화양면	임야	3
화양면	전	14
화장동	대	99
강진군		
강진읍	답	53
강진읍	전	4
군동면	대	17
군동면	전	9
대구면	임야	2
도암면	대	36
성전면	임야	1
신전면	임야	2
옴천면	임야	3
작천면	임야	1
칠량면	임야	1
고흥군		
고흥읍	답	17
과역면	임야	2
과역면	전	1
금산면	대	23
금산면	임야	9
금산면	전	21
남양면	임야	5
대서면	답	4
도덕면	임야	9
도양읍	대	167
도화면	임야	8
동일면	임야	3
두원면	답	12
두원면	대	23
두원면	임야	1
봉래면	답	21
봉래면	대	3
봉래면	임야	5
봉래면	전	15
영남면	임야	3
점암면	임야	1
곡성군		
겸면	대	16
곡성읍	임야	1
목사동면	전	2
오산면	대	17
오산면	임야	1
옥과면	임야	1
입면	대	17
입면	임야	1
죽곡면	임야	334
구례군		
구례읍	대	12
구례읍	임야	2
구례읍	전	9
마산면	답	13
마산면	대	53
문척면	대	17
문척면	전	31
산동면	대	49
산동면	임야	4
용방면	임야	3
토지면	답	12
토지면	대	11
토지면	임야	4
담양군		
고서면	대	28
남면	대	20
남면	임야	2
담양읍	답	8
담양읍	대	19
담양읍	전	35
대덕면	답	26
대덕면	임야	2
대덕면	전	17
무정면	대	37
무정면	임야	1
수북면	전	19
용면	대	200
월산면	대	56
월산면	전	6
무안군		
망운면	답	4
망운면	전	6
몽탄면	임야	8
몽탄면	전	5
무안읍	답	4

지역	지목	평당가
무안읍	대	150
무안읍	임야	68
무안읍	전	65
삼향면	답	31
삼향면	대	37
삼향면	전	46
운남면	답	6
운남면	대	4
운남면	임야	7
운남면	전	6
일로읍	답	17
일로읍	대	115
일로읍	임야	14
일로읍	전	21
청계면	대	21
청계면	임야	7
청계면	전	13
해제면	답	4
해제면	대	25
해제면	임야	4
해제면	전	3
현경면	답	35
현경면	임야	12
현경면	전	8

보성군

지역	지목	평당가
겸백면	대	10
겸백면	임야	1
노동면	임야	1
득량면	답	7
득량면	임야	2
문덕면	임야	1
미력면	전	1
벌교읍	대	25
보성읍	대	7
보성읍	임야	4
보성읍	전	130
복내면	대	7
복내면	임야	1
웅치면	대	5
웅치면	임야	1
조성면	임야	1
회천면	전	6

신안군

지역	지목	평당가
비금면	임야	15
안좌면	임야	2
암태면	임야	1
암태면	전	2
압해면	답	14
압해면	대	39
압해면	임야	15
압해면	전	15
임자면	답	16
임자면	대	11
임자면	임야	3
임자면	전	3
자은면	답	10
자은면	임야	2
자은면	전	3
장산면	전	1
증도면	임야	5
증도면	전	10
지도읍	임야	2
팔금면	임야	6
하의면	임야	3
흑산면	대	250

영광군

지역	지목	평당가
군남면	임야	1
군남면	전	1
군서면	대	10
군서면	임야	3
군서면	전	3
대마면	임야	1
묘량면	전	3
백수읍	대	11
백수읍	임야	1
백수읍	전	17
법성면	임야	4
염산면	대	8
염산면	임야	4
영광읍	답	20
영광읍	대	22
영광읍	전	9
홍농읍	임야	4
홍농읍	전	8

영암군

지역	지목	평당가
금정면	임야	2
금정면	전	5
덕진면	임야	3
도포면	대	5
미암면	임야	2
삼호면	답	15
삼호면	대	65
삼호면	임야	13
삼호면	전	19
서호면	임야	3
서호면	전	48
시종면	임야	5
신북면	답	5
신북면	전	59
영암읍	답	10
영암읍	임야	53
영암읍	전	8
학산면	임야	1

완도군

지역	지목	평당가
고금면	임야	2
군외면	임야	4
금당면	임야	1
보길면	전	8
생일면	임야	1
신지면	대	120
신지면	임야	1
신지면	전	31

지역	지목	평당가
약산면	임야	1
완도읍	답	20
완도읍	대	170
완도읍	임야	12
완도읍	전	15

장성군

지역	지목	평당가
동화면	대	25
동화면	전	11
북이면	대	29
북이면	임야	15
북이면	전	2
북일면	임야	2
북하면	임야	15
북하면	전	20
삼서면	전	8
장성남면	대	34
장성남면	전	9
진원면	전	20

장흥군

지역	지목	평당가
관산읍	임야	17
대덕읍	임야	2
부산면	임야	1
안양면	전	9
용산면	대	15
유치면	임야	2
장동면	임야	1
장평면	전	1
장흥읍	답	69
회진면	임야	1

진도군

지역	지목	평당가
고군면	답	11
고군면	임야	1
군내면	임야	5
의신면	대	15
의신면	임야	2
의신면	전	19
임회면	임야	8
지산면	임야	4
지산면	전	12
진도읍	답	23
진도읍	임야	35
진도읍	전	21

함평군

지역	지목	평당가
나산면	임야	4
대동면	답	50
대동면	임야	1
대동면	전	2
손불면	답	6
손불면	대	12
손불면	임야	6
손불면	전	3
신광면	임야	1
엄다면	답	2
학교면	임야	4
학교면	전	10
함평읍	대	200
함평읍	전	39
해보면	답	95
해보면	전	11

해남군

지역	지목	평당가
계곡면	임야	2
마산면	임야	4
문내면	임야	17
문내면	전	20
북평면	대	4
북평면	전	10
산이면	대	14
산이면	임야	3
산이면	전	5
송지면	답	30
송지면	대	64
송지면	임야	3
송지면	전	80
옥천면	임야	3
해남읍	답	5
해남읍	대	17
해남읍	임야	3
현산면	임야	1
화산면	임야	1
화원면	답	8
화원면	임야	4
화원면	전	17
황산면	임야	2

화순군

지역	지목	평당가
도곡면	답	10
도곡면	대	19
도곡면	임야	4
도곡면	전	10
도암면	임야	1
동면	대	25
북면	답	20
북면	임야	1
이양면	임야	1
청풍면	답	6
청풍면	임야	3
춘양면	임야	2
한천면	임야	1
화순읍	대	200
화순읍	전	19

전라북도

군산시

지역	지목	평당가
개정동	답	150
개정동	대	19
개정면	답	43
개정면	대	20
개정면	전	18
경장동	대	234
나운동	대	355
나포면	답	9
나포면	대	10
나포면	임야	3
나포면	전	4
내초도동	대	40
내초도동	임야	58
내흥동	답	67
내흥동	대	53
내흥동	임야	50
내흥동	전	94
대야면	대	96
대야면	임야	4
문화동	답	285
문화동	대	350
미룡동	답	80
미룡동	대	143
미룡동	임야	9
미룡동	전	79
미원동	전	60
미장동	답	50
미장동	대	50
산북동	답	13
산북동	대	202
산북동	전	22
삼학동	대	80
서수면	답	7
서수면	임야	7
성산면	답	38
성산면	임야	14
성산면	전	28
소룡동	답	65
소룡동	대	170
수송동	답	500
신관동	답	30
신관동	전	25
오식도동	대	296
옥구읍	임야	4
옥도면	답	14
옥도면	임야	24
옥도면	전	26
옥산면	답	23
옥산면	임야	80
옥서면	전	10
임피면	대	141
임피면	임야	6
조촌동	대	238
조촌동	임야	52
중동	전	2
지곡동	답	70
지곡동	대	121

김제시

지역	지목	평당가
검산동	답	5
검산동	대	163
광활면	대	109
교동	임야	17
금구면	대	32
금구면	임야	10
금산면	임야	5
금산면	전	10
만경읍	임야	7
백산면	임야	10
백산면	전	12
봉남면	임야	10
상동	대	114
서암동	답	16
서암동	임야	20
순동	전	6
신곡동	답	5
신풍동	대	109
신풍동	임야	30
요촌동	답	32
용지면	답	3
용지면	임야	5
용지면	전	10

남원시

지역	지목	평당가
광치동	임야	5
금지면	답	6
금지면	대	13
금지면	전	4
내척동	임야	4
사매면	임야	1
산내면	대	60
산내면	임야	3
산동면	임야	2
송동면	임야	8
신정동	답	15
아영면	답	5
아영면	임야	1
아영면	전	1
운봉읍	대	20
운봉읍	임야	2
운봉읍	전	20
이백면	대	11
이백면	임야	1

지역	지목	평당가
이백면	전	30
인월면	대	231
주천면	답	15
주천면	임야	12
주천면	전	20

익산시

지역	지목	평당가
금마면	답	44
금마면	대	20
금마면	전	16
남중동	대	320
낭산면	임야	6
망성면	답	14
부송동	대	277
삼기면	답	149
삼기면	대	11
삼기면	전	20
신동	대	250
신용동	대	115
신흥동	대	45
신흥동	전	39
어양동	임야	300
어양동	전	216
여산면	임야	8
여산면	전	3
영등동	대	173
오산면	대	51
오산면	전	20
왕궁면	답	10
왕궁면	임야	4
왕궁면	전	14
용안면	임야	7
용제동	전	15
인화1가동	대	250
인화2가동	대	213
인화동	대	251
인화동	전	450
중앙3가동	대	400
춘포면	대	28
평화동	대	220
함라면	답	5
함라면	임야	40
함열읍	답	152
함열읍	대	108
황등면	답	11

전주시 덕진구

지역	지목	평당가
덕진동	대	215
덕진동	전	100
도도동	답	5
동산동	답	195
만성동	답	45
만성동	임야	35
만성동	전	35
송천2동	임야	55
우아1동	임야	2
우아2동	대	350
우아동	대	750
원동	대	7
원동	전	7
인후동	대	420
장동	답	21
장동	임야	25
장동	전	34
팔복동	답	57
팔복동	대	102
호성동	대	250

전주시 완산구

지역	지목	평당가
경원동1가	대	423
대성동	전	33
삼천2동	전	35
삼천3동	답	27
삼천3동	임야	23
삼천동	대	67
상림동	답	60
상림동	임야	60
상림동	전	20
색장동	답	18
색장동	대	34
색장동	임야	1
서신동	대	144
서신동	임야	280
석구동	답	16
용복동	답	15
용복동	임야	10
전동	대	170
중동	답	13
중인동	임야	24
중화산2동	대	600
평화1동	답	100
평화1동	대	425
평화2동	답	66
평화2동	대	280
평화동	임야	15
효자2동	전	30
효자3동	답	75
효자3동	대	602
효자3동	임야	80
효자3동	전	110
효자동	대	296

정읍시

지역	지목	평당가
감곡면	전	6
금붕동	전	44
내장동	대	50
부전동	대	14
부전동	임야	2
북면	답	12
북면	전	11
산내면	전	6
산외면	답	6
산외면	대	8
산외면	임야	1
상동	전	100
소성면	전	5
송산동	임야	3

지역	지목	평당가
시기동	임야	8
신정동	전	30
신태인읍	답	15
신태인읍	전	8
쌍암동	임야	2
연지동	답	139
영원면	대	10
용계동	답	7
용계동	대	57
이평면	전	30
정우면	답	10
정우면	대	10
칠보면	답	8
칠보면	임야	1
칠보면	전	10
태인면	임야	1
하모동	답	27

고창군

지역	지목	평당가
고수면	임야	3
고창읍	대	73
고창읍	임야	4
고창읍	전	110
공음면	임야	1
대산면	임야	1
대산면	전	5
부안면	대	13
상하면	대	70
상하면	임야	10
신림면	답	1
심원면	임야	1
아산면	대	37
아산면	임야	10
아산면	전	9
해리면	대	18
해리면	임야	7
해리면	전	2

무주군

지역	지목	평당가
무주읍	답	6
무주읍	대	120
무주읍	임야	1
무주읍	전	21
무풍면	임야	1
무풍면	전	5
부남면	답	20
부남면	대	80
부남면	임야	1
부남면	전	10
설천면	답	17
설천면	대	101
설천면	임야	8
설천면	전	24
안성면	답	27
안성면	임야	2
안성면	전	46
적상면	대	10
적상면	임야	1
적상면	전	15

부안군

지역	지목	평당가
계화면	대	140
계화면	임야	10
계화면	전	8
동진면	답	7
동진면	대	40
동진면	전	8
변산면	답	36
변산면	대	115
변산면	임야	26
변산면	전	100
보안면	임야	3
보안면	전	4
부안읍	답	56
부안읍	대	72
부안읍	임야	3
부안읍	전	66
상서면	답	6
상서면	대	25
위도면	답	34
위도면	대	47
위도면	임야	14
위도면	전	32
주산면	대	10
주산면	임야	11
줄포면	전	8
진서면	대	28
진서면	임야	63
진서면	전	21
하서면	임야	6
행안면	전	10

순창군

지역	지목	평당가
구림면	임야	2
금과면	임야	1
복흥면	임야	4
순창읍	대	21
쌍치면	임야	1
쌍치면	전	3
인계면	임야	1
적성면	임야	2

완주군

지역	지목	평당가
고산면	대	154
고산면	임야	3
구이면	임야	14
구이면	전	625
동상면	대	20
동상면	임야	5
동상면	전	16
봉동읍	답	33
봉동읍	대	132
봉동읍	임야	28
봉동읍	전	31
비봉면	임야	1
삼례읍	대	200
삼례읍	전	31

지역	지목	평당가
상관면	답	53
상관면	임야	1
소양면	대	50
소양면	임야	4
소양면	전	16
용진면	답	130
용진면	대	25
운주면	답	16
운주면	대	77
운주면	임야	8
운주면	전	19
이서면	답	11
이서면	임야	11
이서면	전	83
화산면	임야	1
화산면	전	2

임실군

지역	지목	평당가
관촌면	대	87
관촌면	임야	6
관촌면	전	8
삼계면	임야	1
성수면	임야	4
신덕면	임야	1
신평면	대	10
오수면	임야	1
오수면	전	25
운암면	대	5
임실읍	임야	6
임실읍	전	2
청웅면	임야	1

장수군

지역	지목	평당가
계남면	답	6
계남면	임야	1
계북면	임야	1
번암면	대	19
산서면	답	5
장계면	전	10
장수읍	임야	2
천천면	전	3

진안군

지역	지목	평당가
동향면	임야	1
마령면	답	5
마령면	임야	1
마령면	전	8
백운면	답	10
백운면	대	10
백운면	임야	1
부귀면	답	5
부귀면	대	30
부귀면	임야	4
부귀면	전	10
성수면	임야	2
안천면	임야	1
용담면	답	4
용담면	임야	1
용담면	전	3
주천면	대	25
주천면	임야	2
진안읍	임야	2

제주도

지역	지목	평당가
서귀포시		
강정동	답	55
강정동	대	81
강정동	임야	24
강정동	전	31
대포동	임야	17
대포동	전	51
도순동	임야	8
도순동	전	15
동홍동	대	71
동홍동	전	41
법환동	대	75
법환동	전	65
상예동	답	6
상예동	대	166
상예동	임야	14
상예동	전	49
상효동	대	8
상효동	임야	15
상효동	전	11
색달동	답	865
색달동	대	30
색달동	임야	12
색달동	전	57
서귀동	대	363
서귀동	임야	15
서호동	대	75
서호동	임야	9
서홍동	임야	13
서홍동	전	75
신효동	임야	15
신효동	전	18
월평동	전	28
중문동	대	238
중문동	임야	21
중문동	전	127
중앙동	임야	15
토평동	대	25
토평동	임야	11
토평동	전	113
하예동	대	60
하예동	임야	20
하예동	전	48
하원동	전	41
호근동	임야	2
회수동	임야	9
제주시		
내도동	임야	15
내도동	전	38
노형동	대	447
노형동	임야	18
도남동	전	100
도두1동	전	127
도두2동	전	49
도두동	임야	15
도련1동	대	105
도련1동	전	41
도평동	임야	40
도평동	전	55
봉개동	대	104
봉개동	임야	17
봉개동	전	6
삼도2동	대	425
삼양1동	대	145
삼양2동	전	59
삼양동	임야	15
삼양동	전	8
아라1동	대	37
아라1동	임야	7
아라2동	전	80
아라동	임야	15
아라동	전	43
연동	대	439
연동	임야	15
연동	전	130
오등동	전	50
오라동	대	250
오라동	임야	15
오라동	전	95
외도1동	대	117
외도1동	전	34
외도동	대	160
외도동	임야	84
외도동	전	63
용담1동	대	300
용담2동	전	45
월평동	임야	12
월평동	전	22
이도2동	대	190
이도동	대	773
이호1동	전	60
이호2동	전	60
이호동	전	50
일도1동	대	500
일도2동	대	345
해안동	임야	7
해안동	전	30
화북2동	임야	100
화북2동	전	105
화북동	대	52
화북동	임야	43
화북동	전	10
회천동	임야	23

지역	지목	평당가
남제주군		
남원읍	답	38
남원읍	대	67
남원읍	임야	11
남원읍	전	26
대정읍	답	5
대정읍	대	29
대정읍	임야	11
대정읍	전	15
성산읍	답	46
성산읍	대	82
성산읍	임야	12
성산읍	전	18
안덕면	답	19
안덕면	대	58
안덕면	임야	15
안덕면	전	25
표선면	답	2
표선면	대	99
표선면	임야	11
표선면	전	18
북제주군		
구좌읍	답	15
구좌읍	대	56
구좌읍	임야	15
구좌읍	전	19
애월읍	답	27
애월읍	대	91
애월읍	임야	32
애월읍	전	36
우도면	임야	18
우도면	전	27
조천읍	답	26
조천읍	대	734
조천읍	임야	13
조천읍	전	30
추자면	임야	4
추자면	전	13
한경면	답	13
한경면	대	29
한경면	임야	8
한경면	전	9
한림읍	대	115
한림읍	임야	11
한림읍	전	22

충청남도

지역	지목	평당가
계룡시		
금암동	대	363
두마면	답	57
두마면	대	267
두마면	임야	23
두마면	전	51
공주시		
검상동	답	61
검상동	대	33
검상동	임야	21
검상동	전	50
계룡면	답	68
계룡면	대	83
계룡면	임야	8
계룡면	전	51
교동	대	498
금학동	답	52
금학동	대	170
금학동	임야	13
금학동	전	31
금흥동	답	65
금흥동	임야	92
무릉동	대	37
무릉동	임야	8
무릉동	전	30
반죽동	대	145
반죽동	전	28
반포면	답	45
반포면	대	100
반포면	임야	22
반포면	전	52
봉정동	임야	12
사곡면	답	4
사곡면	대	96
사곡면	임야	24
사곡면	전	27
산성동	대	132
상왕동	답	12
상왕동	대	124
상왕동	임야	10
상왕동	전	14
소학동	답	17
소학동	대	58
신관동	대	285
신관동	전	108
신기동	대	26
신기동	임야	6
신기동	전	24
신풍면	답	9
신풍면	대	15
신풍면	임야	3
신풍면	전	8
쌍신동	답	22
쌍신동	대	50
쌍신동	임야	3
오곡동	임야	2
옥룡동	대	215
옥룡동	임야	25
옥룡동	전	43
우성면	답	16
우성면	대	30
우성면	임야	9
우성면	전	26
웅진동	답	150
웅진동	대	42
웅진동	임야	9
월미동	전	12
월송동	임야	22
월송동	전	45
유구읍	답	7
유구읍	대	73
유구읍	임야	2
유구읍	전	15
의당면	답	12
의당면	대	65
의당면	임야	24
의당면	전	18
이인면	답	13
이인면	대	16
이인면	임야	6
이인면	전	13
장기면	답	17
장기면	대	62
장기면	임야	16
장기면	전	32
정안면	답	12
정안면	대	30
정안면	임야	5
정안면	전	31
주미동	답	15
주미동	대	30
주미동	임야	3
주미동	전	23
중동	대	107
탄천면	대	18
탄천면	임야	4
탄천면	전	12
논산시		
가야곡면	답	13
가야곡면	대	19
가야곡면	임야	5
가야곡면	전	11

지역	지목	평당가
강경읍	답	21
강경읍	대	49
강산동	대	105
관촉동	답	14
관촉동	전	50
광석면	답	13
광석면	대	12
광석면	임야	14
광석면	전	20
내동	대	158
내동	임야	16
내동	전	120
노성면	대	25
노성면	임야	10
노성면	전	12
대교동	답	80
등화동	임야	11
반월동	대	217
벌곡면	답	10
벌곡면	대	73
벌곡면	임야	6
벌곡면	전	14
부적면	답	12
부적면	대	31
부적면	임야	15
부적면	전	18
부창동	대	65
상월면	답	9
상월면	대	20
상월면	임야	10
상월면	전	16
성동면	답	7
성동면	대	15
성동면	임야	4
성동면	전	12
양촌면	답	20
양촌면	대	30
양촌면	임야	9
양촌면	전	27
연무읍	답	31
연무읍	대	82
연무읍	임야	9
연무읍	전	23
연산면	답	216
연산면	대	48
연산면	임야	28
연산면	전	27
은진면	답	2
은진면	대	100
은진면	임야	3
은진면	전	23
지산동	답	30
지산동	임야	14
채운면	답	6
채운면	전	7
취암동	대	240
취암동	전	85
화지동	대	249

보령시

지역	지목	평당가
궁촌동	대	344
궁촌동	전	250
남곡동	대	182
남곡동	임야	54
남곡동	전	32
남포면	답	7
남포면	대	14
남포면	임야	16
남포면	전	16
내항동	답	10
내항동	임야	1
내항동	전	11
대관동	대	818
대천동	답	63
대천동	대	363
대천동	임야	10
대천동	전	53
동대동	대	328
동대동	임야	40
동대동	전	55
명천동	답	50
명천동	대	63
명천동	전	33
미산면	대	40
미산면	임야	6
미산면	전	2
성주면	임야	10
성주면	전	4
신흑동	대	247
신흑동	임야	66
신흑동	전	22
오천면	대	89
오천면	임야	15
오천면	전	20
요암동	답	18
요암동	대	60
요암동	임야	20
요암동	전	52
웅천읍	대	158
웅천읍	임야	8
웅천읍	전	36
주교면	답	23
주교면	대	40
주교면	임야	9
주교면	전	21
주산면	답	4
주산면	대	11
주산면	임야	12
주산면	전	18
주포면	답	12
주포면	대	37
주포면	임야	6
죽정동	대	25
죽정동	임야	60
천북면	답	17
천북면	대	48
천북면	임야	5

지역	지목	평당가
천북면	전	20
청라면	대	23
청라면	임야	3
청라면	전	30
청소면	대	36
청소면	임야	3
청소면	전	6
화산동	임야	7
화산동	전	36

서산시

지역	지목	평당가
갈산동	답	19
갈산동	대	52
갈산동	임야	9
갈산동	전	19
고북면	답	7
고북면	대	20
고북면	임야	5
고북면	전	12
대산읍	답	22
대산읍	대	72
대산읍	임야	20
대산읍	전	29
덕지천동	답	11
덕지천동	임야	10
덕지천동	전	15
동문동	답	120
동문동	대	351
동문동	임야	20
동문동	전	120
부석면	답	26
부석면	대	35
부석면	임야	17
부석면	전	12
석남동	답	47
석남동	대	181
석남동	임야	65
석남동	전	119
석림동	답	83
석림동	대	127
석림동	임야	95
석림동	전	107
성연면	답	23
성연면	대	46
성연면	임야	19
성연면	전	36
수석동	답	26
수석동	대	22
수석동	임야	35
수석동	전	52
양대동	답	19
양대동	대	25
양대동	임야	19
양대동	전	23
예천동	답	57
예천동	대	97
예천동	임야	45
예천동	전	62
오남동	답	16
오남동	대	47
오남동	임야	27
오남동	전	19
온석동	답	49
온석동	임야	24
온석동	전	28
운산면	답	22
운산면	대	28
운산면	임야	10
운산면	전	17
음암면	답	13
음암면	대	34
음암면	임야	21
음암면	전	20
읍내동	답	90
읍내동	대	255
읍내동	임야	100
읍내동	전	125
인지면	답	18
인지면	대	22
인지면	임야	13
인지면	전	19
잠홍동	답	26
잠홍동	대	30
잠홍동	전	33
장동	답	14
장동	대	79
장동	임야	11
장동	전	15
죽성동	대	20
죽성동	임야	18
죽성동	전	14
지곡면	답	30
지곡면	대	40
지곡면	임야	15
지곡면	전	25
팔봉면	답	11
팔봉면	대	12
팔봉면	임야	10
팔봉면	전	14
해미면	답	10
해미면	대	44
해미면	전	13

아산시

지역	지목	평당가
권곡동	답	80
권곡동	대	236
권곡동	전	131
기산동	답	29
기산동	대	40
기산동	임야	27
기산동	전	38
남동	답	58
남동	대	100
남동	전	104
도고면	답	34
도고면	대	149
도고면	임야	15

지역	지목	평당가
도고면	전	33
둔포면	답	31
둔포면	대	154
둔포면	임야	21
둔포면	전	30
득산동	답	35
득산동	전	100
모종동	답	90
모종동	대	296
모종동	전	119
방축동	답	95
방축동	대	133
방축동	임야	60
방축동	전	110
배미동	답	51
배미동	대	70
배미동	전	44
배방면	답	93
배방면	대	199
배방면	임야	50
배방면	전	94
법곡동	답	52
법곡동	대	95
법곡동	임야	51
법곡동	전	53
선장면	답	11
선장면	대	29
선장면	임야	17
송악면	답	26
송악면	대	62
송악면	임야	9
송악면	전	42
신동	답	66
신동	임야	10
신동	전	94
신인동	답	62
신인동	대	54
신인동	임야	40
신인동	전	71

지역	지목	평당가
신창면	답	34
신창면	대	67
신창면	임야	31
신창면	전	31
실옥동	답	105
실옥동	대	90
실옥동	전	160
염치읍	답	36
염치읍	대	53
염치읍	임야	21
염치읍	전	46
영인면	답	25
영인면	대	44
영인면	임야	27
영인면	전	27
온천1동	대	260
온천1동	전	115
온천2동	대	260
온천동	답	55
온천동	대	285
온천동	전	100
용화동	답	99
용화동	대	287
용화동	임야	75
용화동	전	141
음봉면	답	57
음봉면	대	151
음봉면	임야	60
음봉면	전	97
읍내동	답	74
읍내동	대	118
읍내동	전	105
인주면	답	24
인주면	대	49
인주면	임야	24
인주면	전	744
장존동	답	52
장존동	임야	27
장존동	전	34

지역	지목	평당가
점량동	임야	14
좌부동	답	56
좌부동	전	46
초사동	답	43
초사동	임야	35
초사동	전	37
탕정면	답	71
탕정면	대	232
탕정면	임야	50
탕정면	전	86
풍기동	답	78
풍기동	대	163
풍기동	임야	50
풍기동	전	95

천안시

지역	지목	평당가
광덕면	답	27
광덕면	대	81
광덕면	임야	5
광덕면	전	24
구룡동	답	84
구룡동	임야	46
구룡동	전	68
구성동	답	83
구성동	대	193
구성동	임야	32
구성동	전	36
다가동	대	210
대흥동	전	52
동면	답	12
동면	대	761
동면	임야	5
동면	전	14
두정동	대	774
두정동	임야	118
두정동	전	355
목천읍	답	40
목천읍	대	74
목천읍	임야	21

지역	지목	평당가
목천읍	전	48
문화동	대	785
백석동	답	124
백석동	대	474
백석동	임야	74
백석동	전	149
병천면	답	29
병천면	대	120
병천면	임야	11
병천면	전	22
봉명동	대	275
봉명동	임야	12
봉명동	전	203
부대동	답	86
부대동	대	135
부대동	임야	60
부대동	전	97
북면	답	24
북면	대	52
북면	임야	9
북면	전	69
불당동	답	140
불당동	대	711
불당동	임야	70
불당동	전	77
사직동	대	627
삼용동	답	156
삼용동	대	102
삼용동	임야	49
삼용동	전	88
성거읍	답	46
성거읍	임야	29
성거읍	전	45
성남면	답	23
성남면	대	47
성남면	임야	15
성남면	전	23
성성동	답	99
성성동	대	287
성성동	임야	121
성성동	전	115
성정1동	대	400
성정2동	대	582
성정동	답	257
성정동	대	619
성정동	전	204
성환읍	답	28
성환읍	대	176
성환읍	임야	96
성환읍	전	43
성황동	대	259
수신면	답	19
수신면	대	33
수신면	임야	19
수신면	전	20
신당동	답	53
신당동	대	291
신당동	임야	85
신당동	전	67
신방동	답	169
신방동	대	428
신방동	임야	122
신방동	전	172
신부동	답	151
신부동	대	277
신부동	전	165
쌍용2동	대	277
쌍용동	대	486
쌍용동	전	625
안서동	답	161
안서동	대	193
안서동	임야	31
안서동	전	179
업성동	답	65
업성동	대	78
업성동	임야	73
업성동	전	75
영성동	대	325
오룡동	대	499
와촌동	대	836
용곡동	답	83
용곡동	대	340
용곡동	전	196
원성1동	전	70
원성2동	대	230
원성동	답	83
원성동	전	132
유량동	답	67
유량동	대	100
유량동	임야	47
유량동	전	85
입장면	답	30
입장면	대	69
입장면	임야	21
입장면	전	24
직산읍	답	41
직산읍	대	139
직산읍	임야	34
직산읍	전	59
차암동	답	51
차암동	대	55
차암동	임야	52
차암동	전	70
청당동	답	106
청당동	대	130
청당동	전	83
청수동	대	163
풍세면	답	34
풍세면	대	82
풍세면	임야	19
풍세면	전	33

금산군

지역	지목	평당가
군북면	답	5
군북면	대	14
군북면	임야	1
군북면	전	21

지역	지목	평당가
금산읍	대	206
금산읍	임야	6
금산읍	전	40
금성면	답	8
금성면	전	10
남이면	답	10
남이면	대	10
남이면	임야	1
남이면	전	8
남일면	답	10
남일면	대	29
남일면	임야	1
남일면	전	10
복수면	답	20
복수면	대	175
복수면	임야	9
복수면	전	34
부리면	답	12
부리면	임야	5
제원면	답	4
제원면	대	31
제원면	임야	3
제원면	전	14
진산면	답	12
진산면	대	26
진산면	임야	2
진산면	전	13
추부면	답	36
추부면	대	53
추부면	임야	11
추부면	전	30

당진군

지역	지목	평당가
고대면	답	336
고대면	대	22
고대면	임야	12
고대면	전	14
당진읍	답	58
당진읍	대	172
당진읍	임야	34
당진읍	전	58
대호지면	답	4
대호지면	대	13
대호지면	임야	6
대호지면	전	12
면천면	답	32
면천면	대	22
면천면	임야	11
면천면	전	20
석문면	답	205
석문면	대	62
석문면	임야	94
석문면	전	37
송산면	답	17
송산면	대	61
송산면	임야	42
송산면	전	31
송악면	답	28
송악면	대	139
송악면	임야	34
송악면	전	42
순성면	답	14
순성면	대	23
순성면	임야	10
순성면	전	17
신평면	답	31
신평면	대	116
신평면	임야	30
신평면	전	39
우강면	답	23
우강면	대	55
우강면	임야	23
우강면	전	28
정미면	답	25
정미면	대	30
정미면	임야	146
정미면	전	20
합덕읍	답	21
합덕읍	대	80
합덕읍	임야	20
합덕읍	전	26

부여군

지역	지목	평당가
구룡면	답	2
구룡면	임야	2
규암면	답	30
규암면	대	47
규암면	임야	6
규암면	전	15
남면	임야	47
남면	전	22
내산면	임야	1
부여읍	답	15
부여읍	대	212
부여읍	임야	20
부여읍	전	43
석성면	답	6
석성면	임야	5
석성면	전	36
세도면	답	8
세도면	임야	1
세도면	전	8
양화면	임야	7
옥산면	대	9
옥산면	임야	2
옥산면	전	4
외산면	임야	1
외산면	전	4
은산면	대	7
은산면	임야	7
은산면	전	18
임천면	대	26
임천면	임야	8
장암면	답	4
장암면	임야	3
초촌면	임야	10
초촌면	전	5

지역	지목	평당가
충화면	대	10
충화면	임야	4
충화면	전	4
홍산면	답	12
홍산면	대	47
홍산면	임야	5
홍산면	전	13

서천군

지역	지목	평당가
기산면	대	6
기산면	임야	10
마산면	임야	6
마서면	답	9
마서면	대	105
마서면	임야	13
마서면	전	29
문산면	답	8
문산면	대	6
문산면	임야	12
비인면	답	25
비인면	대	36
비인면	임야	28
비인면	전	22
서면	답	18
서면	대	173
서면	임야	35
서면	전	22
서천읍	답	3
서천읍	대	81
서천읍	임야	19
서천읍	전	19
시초면	임야	3
장항읍	답	88
장항읍	대	210
장항읍	임야	10
장항읍	전	28
종천면	답	5
종천면	대	19
종천면	임야	18
종천면	전	14
판교면	대	79
판교면	임야	7
판교면	전	6
한산면	답	2
한산면	대	8
한산면	임야	8
화양면	대	33
화양면	임야	3
화양면	전	17

연기군

지역	지목	평당가
금남면	답	32
금남면	대	61
금남면	임야	13
금남면	전	56
남면	답	29
남면	대	73
남면	임야	21
남면	전	40
동면	답	13
동면	대	67
동면	임야	17
동면	전	20
서면	대	69
서면	임야	31
서면	전	36
소정면	답	17
소정면	대	65
소정면	임야	17
소정면	전	24
전동면	답	12
전동면	대	73
전동면	임야	7
전동면	전	21
전의면	답	36
전의면	대	19
전의면	임야	12
전의면	전	26
조치원읍	답	51
조치원읍	대	245
조치원읍	임야	147
조치원읍	전	66

예산군

지역	지목	평당가
고덕면	답	8
고덕면	대	12
고덕면	임야	11
고덕면	전	10
광시면	답	6
광시면	대	11
광시면	임야	6
광시면	전	13
대술면	답	10
대술면	대	23
대술면	임야	9
대술면	전	14
대흥면	답	12
대흥면	대	26
대흥면	임야	16
대흥면	전	26
덕산면	답	29
덕산면	대	109
덕산면	임야	24
덕산면	전	34
봉산면	답	10
봉산면	대	12
봉산면	임야	7
봉산면	전	13
삽교읍	답	14
삽교읍	대	37
삽교읍	임야	21
삽교읍	전	17
신암면	답	9
신암면	대	31
신암면	임야	14
신암면	전	16
신양면	답	24

지역	지목	평당가
신양면	임야	3
신양면	전	42
예산읍	답	174
예산읍	대	121
예산읍	임야	12
예산읍	전	27
오가면	답	11
오가면	대	23
오가면	임야	43
오가면	전	16
응봉면	답	36
응봉면	대	71
응봉면	임야	12
응봉면	전	24

청양군

지역	지목	평당가
남양면	임야	2
남양면	전	8
대치면	답	10
대치면	대	98
대치면	임야	4
대치면	전	8
목면	답	14
목면	대	7
목면	임야	12
목면	전	16
비봉면	대	40
비봉면	임야	2
운곡면	답	4
운곡면	임야	1
운곡면	전	8
장평면	답	14
장평면	대	60
장평면	임야	7
장평면	전	17
정산면	답	24
정산면	대	41
정산면	임야	6
정산면	전	28
청남면	답	12
청남면	대	10
청남면	임야	5
청남면	전	10
청양읍	답	57
청양읍	대	130
청양읍	임야	13
청양읍	전	100
화성면	답	55
화성면	대	35
화성면	임야	2
화성면	전	5

태안군

지역	지목	평당가
고남면	답	27
고남면	대	133
고남면	임야	35
고남면	전	35
근흥면	답	22
근흥면	대	90
근흥면	임야	58
근흥면	전	24
남면	답	31
남면	대	62
남면	임야	31
남면	전	27
소원면	답	17
소원면	대	64
소원면	임야	21
소원면	전	18
안면읍	답	42
안면읍	임야	31
안면읍	전	49
원북면	답	7
원북면	대	92
원북면	임야	16
원북면	전	20
이원면	대	25
이원면	임야	13
이원면	전	14
태안읍	답	25
태안읍	대	164
태안읍	임야	15
태안읍	전	21

홍성군

지역	지목	평당가
갈산면	답	19
갈산면	대	25
갈산면	임야	10
갈산면	전	10
결성면	답	5
결성면	대	29
결성면	임야	8
결성면	전	9
광천읍	답	41
광천읍	대	69
광천읍	임야	6
광천읍	전	17
구항면	답	5
구항면	대	24
구항면	임야	7
구항면	전	8
금마면	답	12
금마면	대	57
금마면	임야	13
금마면	전	16
서부면	답	13
서부면	대	42
서부면	임야	22
서부면	전	24
은하면	대	7
은하면	임야	4
은하면	전	10
장곡면	답	7
장곡면	대	33
장곡면	임야	3
장곡면	전	8
홍동면	대	33

지역	지목	평당가	지역	지목	평당가	지역	지목	평당가
홍동면	임야	5	홍북면	임야	14	홍성읍	임야	24
홍동면	전	6	홍북면	전	18	홍성읍	전	35
홍북면	답	11	홍성읍	답	117			
홍북면	대	21	홍성읍	대	162			

충청북도

지역	지목	평당가
제천시		
강제동	임야	8
강제동	전	13
고암동	답	45
금성면	답	14
금성면	대	184
금성면	임야	6
금성면	전	14
남천동	대	172
덕산면	답	15
덕산면	대	13
덕산면	임야	1
덕산면	전	10
동현동	대	250
두학동	임야	2
명동	대	233
명지동	임야	3
모산동	임야	20
모산동	전	73
백운면	답	8
백운면	대	18
백운면	임야	4
백운면	전	61
봉양읍	답	10
봉양읍	대	73
봉양읍	임야	4
산곡동	전	9
송학면	대	17
송학면	임야	6
송학면	전	20
수산면	답	25
수산면	대	16
수산면	임야	8
수산면	전	12
신동	대	40
신동	임야	3
신동	전	7
신백동	대	100
신백동	임야	8
신월동	임야	12
신월동	전	12
영천동	답	60
왕암동	답	10
왕암동	임야	5
왕암동	전	5
용두동	대	150
의림동	대	368
의림동	전	114
자작동	전	1
장락동	대	117
장락동	임야	52
장락동	전	18
중앙로2가	대	473
천남동	대	98
청전동	대	106
청풍면	답	1
청풍면	대	36
청풍면	임야	16
청풍면	전	27
하소동	답	248
하소동	전	32
한수면	답	2
한수면	대	35
한수면	임야	3
한수면	전	2
화산동	대	180
흑석동	임야	9
청주시 상당구		
금천동	답	143
금천동	대	426
금천동	전	124
남문로	대	769
남주동	대	234
내덕동	대	175
명암동	임야	19
사천동	답	87
사천동	대	161
사천동	전	100
수동	대	227
오동동	대	65
오동동	전	62
외남동	답	11
용담동	대	100
용암동	답	100
용암동	대	325
용암동	전	28
용정동	답	55
용정동	대	143
용정동	임야	11
용정동	전	152
우암동	대	266
운동동	답	68
운동동	전	49
월오동	답	66
월오동	전	24
율량동	대	381
율량동	임야	10
율량동	전	64
정북동	답	38
정북동	대	65
정하동	답	60
정하동	전	40
주중동	답	32

지역	지목	평당가
지북동	답	36

청주시 흥덕구

지역	지목	평당가
가경동	대	492
가경동	전	75
강서동	답	101
강서동	대	125
내곡동	답	20
동막동	답	26
동막동	임야	5
문암동	대	47
문암동	임야	6
미평동	답	50
미평동	전	70
복대1동	대	238
복대동	대	663
봉명1동	대	226
봉명2동	대	365
봉명동	대	285
분평동	답	102
분평동	대	275
비하동	답	120
비하동	대	186
비하동	전	56
사직1동	대	314
사직2동	대	396
사직동	대	221
사창동	대	706
산남동	대	736
산남동	전	95
서촌동	답	13
서촌동	대	550
서촌동	임야	50
서촌동	전	57
석곡동	임야	35
석곡동	전	60
석소동	답	40
성화동	답	65
성화동	전	35
송절동	답	35
송절동	전	60
수곡1동	대	200
수곡동	대	183
수의동	답	38
수의동	대	65
수의동	전	49
신봉동	대	400
신전동	답	40
신전동	전	42
신촌동	답	24
외북동	전	55
운천동	대	481
원평동	대	60
장성동	대	152
정봉동	답	17
죽림동	답	160
죽림동	대	125
죽림동	임야	40
지동동	답	46
지동동	전	30
현암동	전	19
화계동	임야	29
화계동	전	61
휴암동	대	74
휴암동	임야	68

충주시

지역	지목	평당가
가금면	답	10
가금면	대	40
가금면	임야	5
가금면	전	25
교현동	대	75
금가면	대	45
금가면	임야	10
금가면	전	20
금능동	대	212
금능동	임야	54
노은면	대	17
노은면	임야	4
노은면	전	8
단월동	대	100
단월동	전	36
달천동	답	90
달천동	대	20
달천동	임야	48
동량면	답	10
동량면	대	97
동량면	임야	4
동량면	전	17
목벌동	대	34
목벌동	임야	8
목벌동	전	5
목행동	대	250
목행동	전	22
봉방동	대	199
산척면	대	13
산척면	임야	1
산척면	전	64
살미면	답	7
살미면	대	32
살미면	임야	12
살미면	전	13
상모면	답	110
상모면	대	104
상모면	임야	7
상모면	전	73
소태면	답	97
소태면	대	23
소태면	임야	6
소태면	전	7
신니면	답	19
신니면	대	22
신니면	임야	7
신니면	전	6
안림동	전	133
앙성면	답	17
앙성면	대	30

지역	지목	평당가
앙성면	임야	11
앙성면	전	14
엄정면	대	20
엄정면	임야	10
엄정면	전	10
연수동	임야	36
용관동	대	33
용관동	임야	24
용관동	전	34
용산동	임야	9
용산동	전	202
용탄동	임야	2
용탄동	전	14
이류면	답	44
이류면	대	103
이류면	임야	10
이류면	전	27
종민동	대	44
종민동	임야	15
종민동	전	28
주덕읍	답	10
주덕읍	대	40
주덕읍	임야	3
주덕읍	전	8
지현동	전	107
칠금동	대	178
풍동	답	7
풍동	임야	3
호암동	답	46
호암동	대	139
호암동	임야	15
호암동	전	38

괴산군

지역	지목	평당가
감물면	임야	1
감물면	전	6
괴산읍	답	5
괴산읍	대	46
괴산읍	임야	1
괴산읍	전	39
도안면	대	70
문광면	답	15
문광면	대	15
문광면	임야	4
문광면	전	9
불정면	답	8
불정면	대	9
불정면	임야	2
불정면	전	19
사리면	답	9
사리면	대	36
사리면	임야	2
사리면	전	5
소수면	임야	2
소수면	전	5
연풍면	답	61
연풍면	대	16
연풍면	임야	2
연풍면	전	10
장연면	답	31
장연면	임야	2
장연면	전	20
증평읍	답	46
증평읍	대	236
증평읍	임야	6
증평읍	전	35
청안면	답	10
청안면	대	11
청안면	임야	6
청안면	전	8
청천면	답	49
청천면	대	47
청천면	임야	2
청천면	전	10
칠성면	대	70
칠성면	전	6

단양군

지역	지목	평당가
가곡면	대	28
가곡면	임야	5
가곡면	전	12
단성면	답	15
단성면	대	30
단성면	임야	9
단성면	전	17
단양읍	답	5
단양읍	대	111
단양읍	임야	6
단양읍	전	18
대강면	답	12
대강면	대	504
대강면	임야	8
대강면	전	13
매포읍	답	47
어상천면	대	6
어상천면	임야	1
어상천면	전	4
영춘면	답	11
영춘면	대	22
영춘면	임야	1
영춘면	전	9
적성면	대	16
적성면	임야	6
적성면	전	5

보은군

지역	지목	평당가
내북면	대	20
내북면	임야	4
내북면	전	12
내속리면	대	17
내속리면	임야	15
내속리면	전	19
마로면	대	28
마로면	전	7
보은읍	답	15
보은읍	대	156
보은읍	임야	4

지역	지목	평당가
보은읍	전	7
산외면	임야	4
산외면	전	18
삼승면	대	57
삼승면	임야	3
삼승면	전	8
수한면	대	24
수한면	임야	1
수한면	전	7
외속리면	대	80
외속리면	전	10
탄부면	임야	2
회남면	대	53
회남면	임야	1
회북면	대	22
회북면	임야	2

영동군

지역	지목	평당가
매곡면	답	10
매곡면	임야	1
상촌면	답	50
상촌면	대	34
상촌면	임야	2
상촌면	전	12
심천면	대	13
심천면	임야	4
심천면	전	14
양강면	답	4
양강면	대	12
양강면	임야	1
양강면	전	8
양산면	답	5
양산면	대	45
양산면	임야	11
양산면	전	12
영동읍	답	21
영동읍	대	284
영동읍	임야	1
영동읍	전	27
용산면	답	24
용산면	대	17
용산면	임야	4
용산면	전	26
용화면	대	12
용화면	전	6
추풍령면	답	11
추풍령면	대	35
추풍령면	임야	3
추풍령면	전	17
학산면	임야	1
학산면	전	33
황간면	답	7
황간면	임야	1
황간면	전	22

옥천군

지역	지목	평당가
군북면	답	14
군북면	대	27
군북면	임야	7
군북면	전	22
군서면	답	14
군서면	대	59
군서면	임야	6
군서면	전	35
동이면	답	26
동이면	대	26
동이면	임야	4
동이면	전	18
안남면	답	20
안남면	대	12
안남면	임야	3
안남면	전	5
안내면	답	5
안내면	임야	4
안내면	전	7
옥천읍	답	64
옥천읍	대	153
옥천읍	임야	16
옥천읍	전	32
이원면	임야	6
이원면	전	118
청산면	대	15
청산면	임야	4
청산면	전	19
청성면	답	2
청성면	대	17
청성면	임야	2

음성군

지역	지목	평당가
감곡면	답	60
감곡면	대	31
감곡면	임야	10
감곡면	전	22
금왕읍	답	10
금왕읍	대	54
금왕읍	임야	16
금왕읍	전	13
대소면	답	116
대소면	임야	16
대소면	전	23
맹동면	답	8
맹동면	대	56
맹동면	임야	6
맹동면	전	9
삼성면	답	11
삼성면	대	34
삼성면	임야	13
삼성면	전	45
생극면	답	8
생극면	대	32
생극면	임야	5
생극면	전	9
소이면	답	5
소이면	대	32
소이면	임야	3
소이면	전	17
원남면	답	9

지역	지목	평당가
원남면	대	35
원남면	임야	4
원남면	전	12
음성읍	답	19
음성읍	대	55
음성읍	임야	6
음성읍	전	33

증평군

지역	지목	평당가
도안면	답	19
도안면	임야	6
도안면	전	22
증평읍	답	31
증평읍	대	105
증평읍	임야	11
증평읍	전	24

진천군

지역	지목	평당가
광혜원면	답	11
광혜원면	대	123
광혜원면	임야	2
광혜원면	전	40
덕산면	답	9
덕산면	대	52
덕산면	임야	13
덕산면	전	15
문백면	답	87
문백면	대	67
문백면	임야	7
문백면	전	14
백곡면	답	14
백곡면	대	30
백곡면	임야	22
백곡면	전	16
이월면	답	13
이월면	대	29
이월면	임야	11
이월면	전	16
진천읍	답	26
진천읍	대	156
진천읍	임야	10
진천읍	전	41
초평면	답	8
초평면	대	22
초평면	임야	10
초평면	전	26

청원군

지역	지목	평당가
가덕면	답	41
가덕면	대	27
가덕면	임야	5
가덕면	전	17
강내면	답	52
강내면	대	100
강내면	임야	16
강내면	전	44
강외면	답	42
강외면	대	154
강외면	임야	42
강외면	전	49
남이면	답	28
남이면	대	61
남이면	임야	21
남이면	전	31
남일면	답	25
남일면	대	60
남일면	임야	5
남일면	전	57
낭성면	답	8
낭성면	대	57
낭성면	임야	7
낭성면	전	14
내수읍	답	42
내수읍	대	127
내수읍	임야	40
내수읍	전	27
문의면	답	14
문의면	대	71
문의면	임야	4
문의면	전	100
미원면	답	7
미원면	대	21
미원면	임야	3
미원면	전	9
부용면	답	144
부용면	대	223
부용면	임야	11
부용면	전	37
북이면	답	9
북이면	대	48
북이면	임야	15
북이면	전	64
북일면	답	32
북일면	임야	3
북일면	전	24
오창면	답	30
오창면	대	253
오창면	임야	48
오창면	전	58
옥산면	답	35
옥산면	대	76
옥산면	임야	12
옥산면	전	38
현도면	답	18
현도면	대	51
현도면	전	26

한눈에 짚어보는 전국 땅값 시세표
그 땅 얼마면 살 수 있나요

지은이 / 안명숙
펴낸곳 / 한국경제신문 한경BP
등록 / 제 2-315(1967. 5. 15)
주소 / 서울특별시 중구 중림동 441
홈페이지 / http://bp.hankyung.com
전자우편 / bp@hankyung.com
기획출판팀 / 3604-553~6
영업마케팅팀 / 3604-561~2, 595
FAX / 3604-599
ISBN 89-475-2501-4